业务敏捷

打造数智时代的
高适应力组织

王明兰 况阳 瞿娜 著

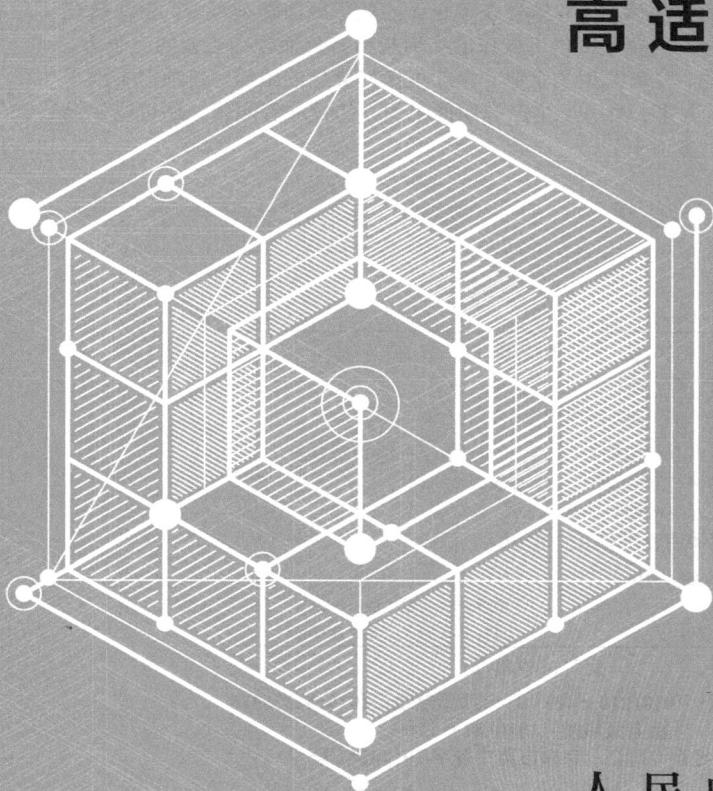

人民邮电出版社
北京

图书在版编目（CIP）数据

业务敏捷：打造数智时代的高适应力组织 / 王明兰，
况阳，瞿娜著. -- 北京：人民邮电出版社，2023.5（2024.5重印）
ISBN 978-7-115-61297-7

Ⅰ. ①业… Ⅱ. ①王… ②况… ③瞿… Ⅲ. ①企业管
理－组织管理学 Ⅳ. ①F272.9

中国国家版本馆CIP数据核字(2023)第040017号

内 容 提 要

　　作为敏捷发展的高级阶段，"业务敏捷"旨在将敏捷开发的思想拓展应用于整个企业的业务层面，帮助企业快速感知外界变化，准确把握用户的需求，采用有竞争力的业务解决方案响应最新的市场需求和新兴机遇，从而在数智时代获得竞争优势。

　　本书系统化阐述业务敏捷的方法体系，并结合众多企业的业务敏捷转型经验，旨在从理论和实践层面，为在敏捷转型路上的企业提供可操作的实用指南，从而提高企业的竞争力。

　　本书适合于任何类型的行业、任何类型的企业、企业里任何类型的组织（包括但不限于IT、产品、研发、销售、市场、人事、财务、生产等职能组织）的领导者阅读，还可以作为组织变革者将敏捷引入组织时的参考书。

◆　著　　　　王明兰　况 阳　瞿 娜
　　责任编辑　李 瑾
　　责任印制　王 郁　焦志炜

◆　人民邮电出版社出版发行　　北京市丰台区成寿寺路 11 号
　　邮编　100164　电子邮件　315@ptpress.com.cn
　　网址　https://www.ptpress.com.cn
　　北京盛通印刷股份有限公司印刷

◆　开本：720×960　1/16
　　印张：14.5　　　　　　　　　2023 年 5 月第 1 版
　　字数：204 千字　　　　　　　2024 年 5 月北京第 5 次印刷

定价：69.80 元

读者服务热线：(010)81055410　印装质量热线：(010)81055316
反盗版热线：(010)81055315
广告经营许可证：京东市监广登字 20170147 号

推荐语

　　敏捷组织是数智时代企业生存的必然要求，企业要想在数智时代取得竞争优势，就必须具备业务敏捷能力。但是直到今天，如何推动组织的敏捷转型，依然是困扰企业管理者的一大难题。本书以业务敏捷为主题，基于三位作者对业务敏捷转型的深刻理解及丰富的企业业务敏捷转型案例，从为什么要业务敏捷、什么是业务敏捷、如何在实践中推动业务敏捷转型等方面，构建了系统的业务敏捷转型方法论，为管理者提供了全面而立体的业务敏捷转型解决方案。

——北京大学国家发展研究院管理学教授、BiMBA 商学院副院长

学术委员会副主任兼 EMBA 学术主任　宫玉振

　　我一直强调，企业成功有七大系统，分别是总裁、高管团队、文化、战略、流程、人员和绩效。这七大系统相互作用，相生相克。本书三位作者从企业实践的角度提出了"业务敏捷魔方"，这和七大系统有不少暗合之处，它们对促进企业成功大有裨益，推荐阅读！

——聚英创始人，美国 Global Synergy University（GSU）大学创始人

《Synergic Inquiry 融合论》《打造总裁》作者　唐荣明

　　诞生于信息化时代的业务和技术，在数智时代面临着新挑战和新机遇，业技融合成为快速响应市场变化的核心能力。从软件开发领域实战总结出的敏捷工作方法已经得到技术圈的普遍认可，接下来的关键问题是业务侧如何认知和利用敏捷方法，持续提升组织的商业表现。在这样一个历史背景下，本书提出

的业务敏捷框架和实践值得置身数字化转型过程中的组织学习和借鉴。

——Thoughtworks 全球数字化转型专家，中关村智联联盟秘书长　肖然

从 VUCA 时代到 BANI 时代，企业所处的宏观环境、市场环境和竞争环境都在不断快速变化，企业的敏捷能力成为其核心竞争力之一，从技术敏捷提升到企业维度的业务敏捷是企业未来面对不确定性因素的关键。本书基于作者的深刻洞察和思考，结合丰富的实践经验，从战略、组织、能力、方法和工具多层次系统化地介绍了敏捷理念和落地实践方案，内容丰富完整，有高度有深度，非常值得企业的战略和业务管理者及技术团队详细阅读、理解和实践！

——旭辉集团副总裁兼首席数字官　徐斌

当今，在大量成熟的方法论和成功案例的指导下，打造一个敏捷的 IT 产品研发团队已经不再是个难题。同时，数字化转型中最难的部分从来不是技术本身，而是在数字化产品建设过程中进行的与之相匹配的组织架构、业务流程和组织文化的转型。但如何在数字化转型中，让组织与业务一同进行敏捷转型，一直没有相关书籍进行系统性的阐述。本书将什么是业务敏捷做了清晰、系统化的阐述，详细地说明了传统组织如何从战略制定，到设立与之相匹配的组织架构，到业务与 IT 部门协同进行产品和业务的创新，最终实现敏捷转型。相信对于数字化转型中积极进行组织变革的领导者，本书具有很好的参考意义。

——融创服务集团 CIO 兼总裁助理　常红平

相信大家对于目前时代的不确定性、复杂性以及组织在整体协同作战中的痛点都已非常有感触，但是如何让组织穿越迷茫，灵活快速应变，在竞争中脱颖而出？又有什么可以真正实操的方法让企业破除原有传统管理范式？近年来，打造敏捷组织的声音越来越大，但是从知道到做到却很不容易。本

书提供了业务敏捷的清晰的框架和方法，可实战、可复制，为企业业务敏捷转型点亮了一盏明灯，让组织敏捷转型真正成为可能！

——百济神州商业卓越运营团队负责人　羊莉

在企业数字化转型过程中，IT 敏捷和业务敏捷是双向奔赴的关系，只靠任何一方都难以成就。IT 敏捷解决交付层面的问题，业务敏捷解决价值层面的问题。本书比较系统地解答了什么是业务敏捷，提出了业务敏捷的实施原则和实施框架，在实践层面也有很好的指引，值得一读。

——招商银行总行信息技术部项目管理团队总经理　廖为民

本书系统、有针对性地阐述了敏捷转型中普遍存在的痛点解决方案，尤其是在领导者敏捷领导力打造及敏捷战略目标制定和落地方面，呈现了非常清晰明确的理念和实用的实践参考。但是更加吸引我的是"迭代式交付与运营过程"，这部分内容为我们当下在团队运营转型过程中遇到的问题，提供了大量实用的敏捷理论和经验。本书是为数不多的既适合敏捷初学者也适合有经验的敏捷推广者的指导手册，值得我们学习。

——吉利汽车研究院研发体系部主管　李晔宇

本书鲜明地表达了敏捷的本质是以客户为中心，通过不断地学习、反馈和调整，以增量迭代方式为客户交付价值的工作方法，所以敏捷不是一次性的研发变革，而是一种组织能力的变革。本书从业务敏捷转型视角看敏捷组织设计和敏捷领导力，在战略和目标、研发交付和运营等方面，为业务敏捷转型提供了打造数智时代高适应力敏捷组织的方法。这方面的图书很少，本书尤其值得一读。

——中信银行软开项目管理处副处长　王进

实现业务敏捷是成为一个全面敏捷组织的必由之路，也是我们团队实践敏捷的初衷。最近我们在思考业务敏捷的实施策略，本书对我来说是"及时雨"。与王明兰老师的另一部力作《敏捷转型》一样，本书观点鲜明，切中要害，其中提到的敏捷领导力、持续验证迭代交付等观点和论述我深切认同。推荐这本书给寻求业务创新和产品创新的企业家、创业者、管理者。

——联影医疗超声事业部总裁　林峰

明兰老师任职深信服科技辅导敏捷转型期间，帮我回答了什么是敏捷、如何成功地将敏捷在组织中落地实现商业效果、如何从研发敏捷前进到业务敏捷以快速变化迎接各种挑战等重要问题，本书也同样给出了很好的答案，郑重推荐！

——深信服集团副总裁　杨金柱

业务敏捷是敏捷转型的高级阶段，敏捷转型的关键在于敏捷团队的意识转变和核心工程能力的积累。在当前数智时代的大背景下，保持长期的战略定力和阶段性敏捷调整的战术执行力，拥有扁平灵活可以随时集结的高适应性敏捷团队，是我们实现公司整体战略稳定，在聚焦核心业务的同时更加适应新时代的客户需求的一个很好的解决方案。

——新华三集团质量运营部部长　丁海涛

自从实施敏捷转型以来，作为组织级敏捷教练的我们一直在苦口婆心地反复强调要"价值驱动"，但转型过程中的种种阻碍也暴露出问题的核心是如何真正地通过框架的指导和实操的方法来践行"业务敏捷"。本书不仅没有忽略于"敏捷软件开发的范畴"内"业务与IT在组织层面如何协同"的问题，尤其重要的是立足业务敏捷的"广义"定义，总结提炼了"业务敏捷魔方"，详细阐述了一整套基于丰富经验和实际案例的业务敏捷方法论，为我们提供了非常系统的参考和借鉴。

——中邮信息科技（北京）有限公司运营管理部副总经理　秦永叶

当今时代的不确定性和颠覆性变化，要求企业必须具备敏捷响应业务变化的交付能力，业务敏捷是企业生存乃至获得竞争优势的关键能力。本书从 WHY、WHAT、HOW 三个方面，结合众多企业的业务敏捷转型经验，构建业务敏捷的方法论体系，逐步阐述了企业敏捷变革的转型蓝图，及敏捷组织、敏捷领导力、敏捷战略、敏捷创新、敏捷交付的五大核心实践，是企业敏捷转型路上不可或缺的读物。

——海康威视 IT 架构专家、敏捷转型负责人　孟美伶

OKR 与敏捷堪称天生一对。OKR 是最契合敏捷战略的战术应用，敏捷是最匹配 OKR 的实践方法。三位作者亦可谓珠联璧合，不同视角的深刻洞察相得益彰，真知灼见浑然天成，将崭新的生产方式立体地呈现在我们面前，让我们面对新的时代更有信心。

——中国 OKR 教练网创始人、《OKR 完全实践》作者　李靖

在当前世界格局不断变化、各行各业深度转型的大背景下，本书的初衷与正在编制的国家标准《项目管理敏捷化指南》的目的不谋而合。敏捷的思想和方法不应仅仅局限在 IT 行业，而应被应用到各行各业，不应仅仅停留在产品交付层，更应被上升到业务层和组织治理层。本书将敏捷方法与国内企业高管层的核心关注点充分结合，语言通俗易懂且引用了大量实例，是一本非常难得的国内原创敏捷著作。

——SAC/TC343 全国项目管理标准化技术委员会委员兼副秘书长
国标《项目管理敏捷化指南》起草组组长　肖杨

我们发现，在应用我们 OKR 系统的企业中，越是具备敏捷思维的企业，其 OKR 的开展往往越成功。何以出现这一现象？本书作者系统地给出了答案：敏捷思维需要敏捷战略，敏捷战略又需要 OKR 的有力支撑，组合起来

才能相得益彰，最终共同铸就组织的业务敏捷。强烈推荐团队领导者阅读本书！

——北极星 OKR 创始人　秦添

业界践行软件研发敏捷已经有超过 20 年的历史，现在正是将敏捷理念拓展到整个组织的时候。本书厘清并定义了业务敏捷，开创性地提出了"业务敏捷魔方"：敏捷型组织，通过敏捷领导力的具现，来持续验证产品创新设计，并迭代式交付与运营，从而达成敏捷战略与目标。相信本书中丰富的非 IT 的案例可以为读者落地业务敏捷带来可实操的参考。

——亚马逊云科技高级 DevOps 专家　赵卫

如何能够快速适应复杂、波动、高度不确定性的业务环境，如何能够快速调整业务战略，高效执行并灵活响应客户需求，是数智时代企业需要具备的核心能力。然而要做到这一切并不容易，需要有敏捷的思维方式、敏捷的战略管理、敏捷的组织能力、敏捷的业务规划和交付能力，而这些，读者都可以从本书中找到答案。

——腾讯 DevOps 与研发效能资深技术专家　张乐

推荐序 1

　　每一个行业都值得用数字化重新定义一遍，每一家公司都将成为数字化公司。在数字化浪潮之下，如何将物理世界转化为数字世界，如何快速应对VUCA 时代瞬息万变的行业大势，如何构筑数字孪生体，进而在数字化的基础上产生智慧与洞察，从数字化到数智化，成为每个企业必须思考的问题。

　　在数智时代，企业单纯依赖过往单一的商业模式创新已经无法保持领先。企业能够快速应变，在加快业务和产品创新节奏的基础上，更快速地获取信息并应用到反馈环中，是我们一直强调的真正的业务敏捷性。

　　本书第一作者王明兰老师是业内知名的精益与敏捷专家，她在华为工作期间经历了 IPD 及敏捷体系下的双重历练，不仅推动精益和敏捷的转型工作，而且将敏捷理念和实践与华为云产品结合，使之在业务层面得以应用。如今，非常高兴看到她与另两位作者将众多企业的经验萃取形成了系统化的业务敏捷方法论。书中的方法论突破了敏捷在 IT 领域的应用，将敏捷理念和相关实践与业务域结合，让敏捷真正从研发侧走向市场侧，打通了价值流的闭环，如此开创性的尝试在中国是先驱。

业务敏捷要求速度至上

　　敏捷宣言说"响应变化胜于遵循计划"。面对瞬息万变的市场，我们需要的不仅是响应，而且必须是更快的响应。更快指的是比自己的快还要再快，是不断挑战极限，这一追求永无止境，因为市场和对手都在加速。

《爱丽丝梦游仙境》中，红皇后对爱丽丝说："在这个世界中，必须不停地奔跑，你才能保持在原地。"这句话我最喜欢引述。每一次引述的背后，更多的是接纳与动力。这是一场没有终点的赛跑，但这就是商业的本质，优胜劣汰，这是无可置疑的现实。

速度至关重要。天下武功唯快不破，这是快鱼吃慢鱼的时代，快节奏的创新步伐、瞬息万变的业务前景以及新型技术趋势迫使企业以同样迅捷的方式做出转变。但是随着规模的增长，企业要想在整个组织范围内仍旧保持小型创业企业的响应力和速度，是一件十分困难的事情。我们必须将业务敏捷性贯穿于整个业务价值创造的过程，让不同团队之间得以围绕变幻莫测的市场和客户需求开展高效协作。看到本书介绍了业务敏捷的组织环境、敏捷领导力、敏捷战略和目标等，我感到非常欣慰，这些为大型组织在组织环境方面如何保持小型创业公司的高效和高适应力提供了解决方案。

业务敏捷要求以客户为中心

在华为的核心价值观中，"以客户为中心"居于首位，与此同时，华为作为一家企业，也要遵循商业的本质，两者的结合点，我认为是持续交付客户价值。本书介绍的持续验证的产品创设、迭代式交付与运营相关内容，为如何在快速变化的市场环境下持续交付客户价值提供了方法论。

华为在 1999 年引入 IPD 变革，经过 20 多年的发展，已经多次更新，让华为从偶然的成功走向必然的成功。IPD 的核心框架是，以客户要求和技术创新双轮驱动，通过"做正确的事"和"把事情做正确"来实现商业成功。客户需求是根，技术创新是使能器，5G、云计算、人工智能、量子计算等技术创新是技术加速器，而如何有效且快速地应用这些能力来使能业务，更是企业的核心竞争力。

敏捷开发源于软件行业，是一种应对快速变化的市场需求的方法论，它鼓励需求由自组织、跨功能的团队通过迭代而循序渐进地达成。华为的敏捷生长于 IPD 体系。华为经历了十多年的敏捷转型历程，有"项目级—版本级—产品级—商业级"演进路径，并将敏捷理念和实践完全融入 IPD 结构化流程中，构建了与时俱进，适应不同产业、多业务场景的交付模式。因此，华为的敏捷倡导走向业务域，最终要为商业赋能，而不只是在软件研发范围，这与本书的业务敏捷理念一脉相承。

数智化浪潮之下，万物数字化已成必然趋势。本书介绍的组织实现业务敏捷的系统化方法论及相关实践和案例，为当下各个行业的组织和团队的管理者、业务的领导者提供了一张蓝图。我十分有幸参与当下的数智化浪潮，并受邀为本书作序，郑重将本书推荐给大家。

华为云 PAAS 服务产品部部长

徐峰

推荐序 2

王明兰女士、况阳先生、瞿娜女士，三位数智时代业务敏捷开拓者联袂撰写这本业务敏捷高手指南，意义非凡！

《业务敏捷》与时俱进。《中华人民共和国国民经济和社会发展第十四个五年规划和 2035 年远景目标纲要》以及党的二十大报告都将数字化转型上升为国家战略，方向是明确的；同时，在 VUCA 时代，在复杂多变的国内外经济环境下，中国企业需要安全转型、敏捷应对才能生存发展不被淘汰，业务敏捷的必要性非常清晰。以 IT 为首的各行各业，管理者们不断探索业务敏捷之道，如小米非常成功的铁粉共创模式，医药行业经常使用的虚拟项目团队模式，很多优秀企业非常关注的将一线数据收集分析用于决策依据的模式，等等。但目前国内外对于业务敏捷仍缺乏系统性的、理论联系实践的研究，相关书籍更是少见。这本《业务敏捷》应时而生，实属难得！

《业务敏捷》实用性强。本书的三位作者在敏捷转型、市场营销、人力资源、组织发展等领域是具有扎实实战经验的高级管理者，佐以多年的咨询履历，让他们有机会接触各行业各职能的管理者，了解业务转型中的实际问题，也对本书读者群体的需求了然于胸。在阅读《业务敏捷》的过程中，我们很容易就书中的内容与组织实践形成关联呼应，或有共鸣，或有启发。通过本书，读者将有机会建立业务敏捷的先进理念，搭建较为完善的业务敏捷理论体系，包括方法论及工具，更可以通过借鉴生动的案例提升组织从传统型管理模式向业务敏捷管理模式转型的信心。

《业务敏捷》亮点突出。本书提出的业务敏捷的基本原则、业务敏捷的框架——"业务敏捷魔方"，以及企业开展业务敏捷的路线图，令我醍醐灌顶、印象深刻，相信读者也会受益良多。业务敏捷基本原则（在整个价值链范围采用小步 PDCA 反循环，用户深度参与价值创造过程，打造充分授权的全功能团队，一切决策依据及时获取的数据）整合了各行业中碎片式的业务敏捷现象；"业务敏捷魔方"为读者描绘了为转型成功保驾护航的各大要素（敏捷型组织，敏捷战略与目标，敏捷领导力，持续验证的产品创设过程，迭代式交付与运营过程），是本书的灵魂所在；业务敏捷转型并非一蹴而就，本书揭示了敏捷转型的三个阶段（培育敏捷意识和接受度，将敏捷应用到核心业务流程，实现全面敏捷）。作者可谓将多年的理论研究成果与实践积累倾囊相授，这样的饕餮盛宴让人在阅读时不免产生思想冲击、心灵震撼。

现代管理方法基本都是欧美企业家总结提炼出来的，其中不少再由合资公司以引进课程的方式进入中国。今天很欣喜能看到本书作者对中国企业业务敏捷需求的捕捉、方法的提炼及案例的积累。众所周知，魔方与华容道、独立钻石棋同被称为智力游戏界的三大不可思议，在此，期待更多读者通过《业务敏捷》这本意义非凡的图书，领略到"业务敏捷魔方"的神奇魅力！

强生集团杨森中国高级信息技术管理总监
顾江

前　言

写作初衷

从技术革新趋势上看，人类历史从农业社会到工业社会，再到信息社会，每一次重大的技术进步都带来了生产力的大发展和生产关系的大变革。21 世纪以来，随着互联网、大数据、云计算、人工智能、区块链等技术加速创新，数据成为最重要的生产要素，社会全面数字化、网络化、智能化。未来已来，我们已经进入数智时代。

从国家战略上看，《中华人民共和国国民经济和社会发展第十四个五年规划和 2035 年远景目标纲要》以及党的二十大报告中明确提出加快发展数字经济，促进数字经济和实体经济深度融合。数字化转型已经上升为国家战略。

从经济形势上看，近年来，国际贸易战、新型冠状病毒造成的全球疫情、国内政策导向调整和经济转型等一系列重大事件说明，当今中国企业的宏观环境正在经历百年未有之大变局，唯一不变的是变化。如果中国企业不能妥善应对快速多变的环境，必然会被淘汰。

世界级管理大师彼得·德鲁克（Peter Drucker）曾说："动荡时代最大的危险不是动荡本身，而是仍然用过去的逻辑做事。"面对数智时代的挑战和机遇，企业如果再沿用工业时代的组织结构、管理理念和管理模式，就会对市场变化和客户的需求响应迟钝，新战略实施缓慢，内部阻力重重，新产品和服务创新乏力。企业必须自我革新，采用新的逻辑和范式，才能快速感知市场的变化和新兴机遇，准确把握用户的需求，采用有竞争力的解决方案，迅速执行落地并推向市场，以便在数智时代获取竞争优势，而这正是企业所需的业务敏捷的能力。

遗憾的是，很多企业意识到了转型的必要性，却不知道要如何去升级传统管理框架和基础设施。形成于 20 世纪的基础系统、组织结构和文化已经过时，难以跟上外部环境的变化并胜任组织的要求。要想让业务更敏捷，整个组织（而非仅限于产品开发部门）都必须参与其中，以超越竞争对手的速度，持续且主动地交付创新的业务解决方案。正如亚马逊创始人杰夫·贝索斯（Jeff Bezos）所言："你能拥有的唯一可持续的优势就是敏捷性，仅此而已。因为没有别的东西是可持续的，你创造的一切，其他人都能复制出来。"

5 年前，本书发起者、第一作者王明兰女士出版了《敏捷转型：打造 VUCA 时代的高效能组织》。在这 5 年期间，她不断遇到企业咨询如何将敏捷的应用突破研发领域，拓展到业务领域和组织管理等领域，从而在商业上和更大的组织范围看到成效。这个话题在业界仍旧相对前沿，相关书籍罕见，虽然国外有些资料，但是比较零散不成体系，公开报道的案例更不多见。同时，王明兰女士有了更多咨询经验的积累，经历了更多企业开展敏捷转型从试点阶段走向纵深发展，很多企业突破 IT 部门将敏捷转型发展到了业务部门和职能部门，更有越来越多的非 IT 企业开始应用敏捷产生突出的商业成效。这些故事绝对可以颠覆很多人对于敏捷是一种"软件开发方法"的认知。因此，作者决定编写"业务敏捷"专题的图书，期望结合众多企业的业务敏捷转型经验，构建业务敏捷的方法论体系，为在敏捷转型路上的企业提供指南。

本书的另外两位作者是况阳先生和瞿娜女士。

况阳先生是资深组织发展专家，在组织发展、人力资源、目标与关键成果（Objectives and Key Results，OKR）领域有多家世界 500 强企业的实战经验。他在组织如何从传统的战略转向敏捷战略，以及如何用 OKR 承接战略等方面为本书提供了前沿洞见和案例经验。

瞿娜女士是跨国企业销售和市场领域的领导者，也在人力资源管理领域深耕多年，她将敏捷理念和工作方法应用在了业务创新和经营活动中，并在整个组织范围内推动敏捷转型，因而对业务敏捷有一线的实战经验和组织变革经验，她为本书贡献了翔实的案例以及作为业务领导者的深刻洞见。

通过三位来自不同领域的作者的碰撞，本书力图为读者呈现全面的、立体的业务敏捷方法论体系和一线案例经验。

敏捷，不应止步于 IT 行业

敏捷的本质是以客户为中心，通过不断地学习、反馈和调整，以增量迭代方式为客户交付价值。因此，敏捷来源于 IT 行业，但是敏捷的理念不限于 IT 行业，适合于提供任何产品或服务的企业。越来越多的企业开始在 IT 以外的产品和团队中应用敏捷方法，以提高对市场和客户的响应力。

业务敏捷用来描述一个组织应用敏捷的思维，通过创新的解决方案快速响应市场变化和新出现的机遇，从而在数智时代参与竞争并蓬勃发展的能力。业务敏捷适用于任何类型的行业、任何类型的企业、企业里任何类型的组织，包括但不限于 IT、产品、研发、销售、人事、财务、生产等职能组织。

本书旨在唤醒组织领导者对于业务敏捷的认知，普及业务敏捷的理念，提出系统化的方法论、工具和案例，从而构成企业业务敏捷转型的完整解决方案。

如何阅读本书

本书包括 3 篇共 7 章内容。

开篇

第 1 章是开篇，阐述了数智时代的挑战与机遇，带领读者认识当今时代企业所面临的环境，引出业务敏捷的话题。

理念篇

第 2 章是理念篇，阐述了敏捷的本质、业务敏捷的定义、业务敏捷的原则；重点介绍了业务敏捷的框架——"业务敏捷魔方"，以及企业开展业务敏捷的路线图。

实践篇

第 3 ～ 7 章是实践篇。

第 3 章介绍了如何设计具备高适应力的敏捷型组织，以及传统的职能型组织向敏捷型组织演进的路径。

第 4 章介绍了领导者如何打造敏捷领导力，从 3 个维度展开讲解：领导者如何自我转型、如何赋能团队及如何培育组织的敏捷文化。

第 5 章介绍了如何采用敏捷战略的方法制定战略，以及如何采用敏捷目标将战略落地执行。

第 6 章介绍了持续验证的新产品创设过程，以及在客户问题领域和解决方案领域探索与验证的具体方法，并提供了相关的模板。

第 7 章介绍了迭代式交付的过程，包括迭代式开发框架、看板可视化管理、持续复盘。最后阐述了如何从粗放式、瀑布式的运营方式转变为精细化的小步增长试验、数据驱动的运营方式，以及交付和运营如何互相衔接构成一个完整的循环。

由于第 1 章是开篇，第 2 章是理念篇，建议读者不要跳过这两章。第 3 ～ 7 章是实践篇，每章的内容相对独立，每章都比较完整地诠释了一个主题，读者可以阅读自己感兴趣的章节。但是我们还是相信，从头阅读能够使大家对业务敏捷这个主题有更加系统的认识。

本书目标读者

本书介绍的业务敏捷方法具备普适性，适合于任何类型的行业、任何类型的企业、企业里任何类型的组织（包括但不限于 IT、产品、研发、销售、市场、人事、财务、生产等职能组织）的领导者阅读。

此外，本书还可以作为组织变革者将敏捷引入组织时的参考书。

本书参与者

瞿娜编写 2.2 节、3.2.3 节、4.3 节、7.1.2 ～ 7.1.4 节、7.4 节；况阳编写第 5 章；王明兰编写其他章节，并组织成书；王丽对本书的内容和审校亦有贡献。

参与本书审校的专家有亚马逊云科技高级 DevOps 专家赵卫、艾体验 AIUX 创始人李婧，感谢他们给本书提出了宝贵意见。

服务与支持

本书由异步社区出品，社区（https://www.epubit.com）为您提供后续服务。

提交勘误信息

作者和编辑尽最大努力来确保书中内容的准确性，但难免会存在疏漏。欢迎您将发现的问题反馈给我们，帮助我们提升图书的质量。

当您发现错误时，请登录异步社区，按书名搜索，进入本书页面，单击"发表勘误"，输入错误信息，单击"提交勘误"按钮即可，如下图所示。本书的作者和编辑会对您提交的错误信息进行审核，确认并接受后，您将获赠异步社区的 100 积分。积分可用于在异步社区兑换优惠券、样书或奖品。

与我们联系

我们的联系邮箱是 contact@epubit.com.cn。

如果您对本书有任何疑问或建议，请您发邮件给我们，并请在邮件标题中注明本书书名，以便我们更高效地做出反馈。

如果您有兴趣出版图书、录制教学视频，或者参与图书翻译、技术审校等工作，可以发邮件给我们；有意出版图书的作者也可以到异步社区投稿（直接访问 www.epubit.com/contribute 即可）。

如果您所在的学校、培训机构或企业想批量购买本书或异步社区出版的其他图书，也可以发邮件给我们。

如果您在网上发现有针对异步社区出品图书的各种形式的盗版行为，包括对图书全部或部分内容的非授权传播，请您将怀疑有侵权行为的链接通过邮件发送给我们。您的这一举动是对作者权益的保护，也是我们持续为您提供有价值的内容的动力之源。

关于异步社区和异步图书

"异步社区"是人民邮电出版社旗下 IT 专业图书社区，致力于出版精品 IT 图书和相关学习产品，为作译者提供优质出版服务。异步社区创办于 2015 年 8 月，提供大量精品 IT 图书和电子书，以及高品质技术文章和视频课程。更多详情请访问异步社区官网 https://www.epubit.com。

"异步图书"是由异步社区编辑团队策划出版的精品 IT 专业图书的品牌，依托于人民邮电出版社的计算机图书出版积累和专业编辑团队，相关图书在封面上印有异步图书的 LOGO。异步图书的出版领域包括软件开发、大数据、人工智能、测试、前端、网络技术等。

异步社区

微信服务号

目　录

第 3 篇　实践篇

第 1 篇

开篇

第 1 章

数智时代的挑战与机遇

2020 年肆虐全球的新型冠状病毒感染疫情加速了各行业数字化变革的步伐，加之世界经济环境的动荡给中国企业经营环境造成重要影响，企业面临着前所未有的挑战，其中却也蕴含着无限机遇。

1.1 时代背景

当下，我们每个人既经历着变幻莫测的商业环境，又感受着数字化和人工智能技术带来的生活上的变化。

1.1.1 商业环境变幻莫测

放眼全球，国际局势复杂多变，黑天鹅、灰犀牛事件迭出，政治格局、经济格局、创新格局、贸易格局、金融格局、能源格局、全球治理等无不处于"百年未有之大变局"。这些都在一定程度上对中国的企业产生直接或间接的影响。此外，中美贸易战、新型冠状病毒感染引发的疫情全球大流行等给中国企业的经营环境带来了直接的冲击。

国内，经济环境也正在发生翻天覆地的变化，比如国家政策导向的调整、经济的转型、产业升级、人口结构变化等。曾经如日中天的房地产、

K12 教育、互联网金融等行业风光不再，这些行业的头部企业纷纷尝试转型；中国人口老龄化逐年加剧；90 后、00 后正在成为企业的主流劳动力。这些宏观环境因素的变化都会对企业的经营产生一定的影响。

国内、国外两方面因素让国内企业当下所处的环境比以往任何时候都更加具备 VUCA［Volatility（易变性）、Uncertainty（不确定性）、Complexity（复杂性）、Ambiguity（模糊性）］的特征。可以说，中国企业面临的环境是全球最动态、最复杂、演化最快的市场环境。如果企业对迅速多变的环境反应迟钝，必然会被竞争者淘汰出局。

伴随着新型冠状病毒感染疫情的大流行，又涌现一个新的热词——BANI，称人类现在已经进入 BANI 时代。BANI 这一词最早由作家和未来学家贾迈斯·卡西欧（Jamais Cascio）于 2016 年创造，是 4 个单词首字母的缩写：Brittle（脆弱）、Anxious（焦虑）、Non-linear（非线性）和 Incomprehensible（不可理解）。BANI 形象地反映了未知与模糊给个人心态带来的巨大冲击和影响。

与此同时，作为推进人类文明的力量，技术像永不停歇的齿轮一样，已将人类推向了数智时代。企业必须顺应时代趋势，抓住数智化技术和商业模式所带来的机遇，迎接极端不确定的商业环境的挑战。

1.1.2   时代演进的背后推手：技术革命

技术革命伴随人类历史的始终。每次新技术到来，人类的经济体制和社会结构便会发生深刻变革。如果以历史的长河作为参照，这些突然发生的变革要持续很多年才能全面展开。

人类生产生活的首次技术变革大约发生在一万年前，我们称之为农业革命或新石器革命。人类从食物的采集者转变为食物的生产者，这一获得食物方式的转变改变了人与自然的关系。相比从前，人类能够更稳定地获得较丰富的食物来源，而且生产出超过维持劳动力所需的食物。这就使人口得以较快地增长，并使一部分人去从事维持生存以外的活动，从而推动了生产、运输和交通的发展。粮食产量的逐步增加有效促进了人口增长和人类聚居地面积的扩大，并由此催生了城市化和城市的崛起。

继农业革命之后，到了 18 世纪下半叶，一系列工业技术革命接踵而至，如图 1-1 所示。

- 第一次工业技术革命：大约从 1760 年延续至 1840 年，由铁路建设和蒸汽机的发明触发技术革命，机械化生产普及，引领人类进入"蒸汽机时代"。

- 第二次工业技术革命：19 世纪末至 20 世纪初，随着电力和大规模生产线技术的出现，汽车和规模化生产应运而生，引领人类进入"电气化时代"。

- 第三次工业技术革命：20 世纪 60 年代至 21 世纪初，半导体技术、大型计算机、个人计算机和互联网技术的发展，分别在终端和网端为人类社会的信息化奠定基石，引领人类进入"信息化时代"。

- 第四次工业技术革命：21 世纪初至今，经过了信息化时代，随着互联网、大数据、云计算、人工智能、区块链等技术的加速创新，数据成为最重要的生产要素之一，使经济全面数字化、网络化、智能化，引领人类进入"数智时代"。

在数智时代，云、网、端成为商业的基础设施，为人们呈现了一个立体的新商业图景。"云"是指云计算、大数据，基础数据的积累和对数据的挖掘应用成为新商业的基础动力；"网"不仅包括原有的互联网、移动互联网，还拓展到物联网领域，人与人、人与物、物与物之间的连接得到进一步增强；"端"是指用户端的个人计算机、移动设备、可穿戴设备、传感器或者一些以软件形式存在的应用，它们是为用户提供服务的界面，也是数据采集的来源。数智时代的先进技术包括物联网、认知计算、机器学习、先进机器人技术、3D 打印机、可穿戴式计算机、无人机、虚拟现实、增强现实、区块链、无人驾驶汽车等。

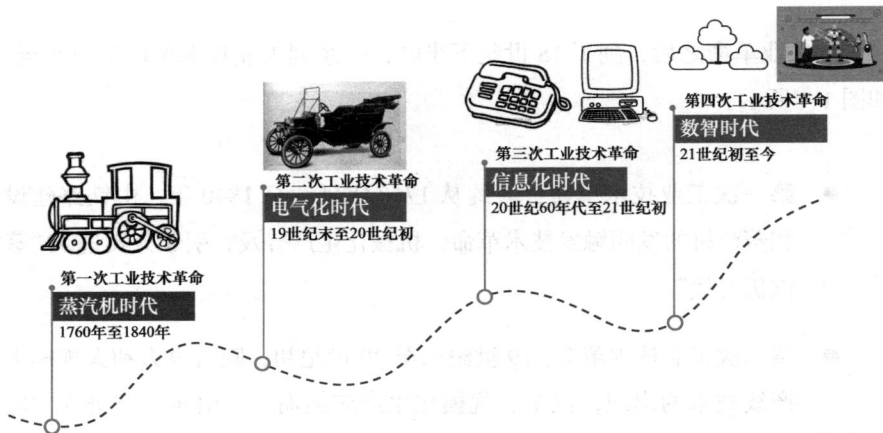

图 1-1 四次工业技术革命

每一次技术革命浪潮都从根本上重新定义了生产资料，产生了一种新的经济和技术范式，带来了投资、生产、贸易和消费方式等方面的重大变迁。这种新的经济和技术范式引发了经济的爆炸式增长，而同时产生一个颠覆效应：那些在前一次技术革命浪潮中蓬勃发展的企业大规模倒下。

每一次技术革命浪潮都分为以下 3 个阶段。

- 导入期。导入期从新技术的爆发开始，这时新技术在金融资本的支持下显示了其未来的潜力，强烈冲击着由上一代技术革命所塑造的经济世界。导入期所经历的后半段是狂热阶段，此时金融资本推动了新基础设施和新技术的集中开发。

- 转折期。转折期通常在金融泡沫破裂之后的经济衰退中到来，在经济衰退期间所需要的结构性调整促进和塑造了展开期。转折期尤为关键。对于任何一个企业来说，在转折期要么主动变革，拥抱新的经济和技术范式，要么固守上一个时代所积累的优势，而在若干年后的展开期被新的时代所抛弃。大量百年企业的倒下已经屡次证实了这一点。

- 展开期。进入展开期后，新的技术和经济范式已经明显占据了优势，技术巨头逐渐形成垄断地位，新的范式已经成为经济的主流。

我们无法判断现在是否已经走出数智时代的转折期进入了展开期。但是我们可以确定的是，那些在第二次工业技术革命和第三次工业技术革命的导入期都称霸世界的百年企业（例如诺基亚、摩托罗拉、柯达等）已经衰落，而那些在第四次工业技术革命前后诞生的企业（例如谷歌、Meta、亚马逊、优步、特斯拉、百度、阿里巴巴、腾讯、京东、字节跳动、美团、拼多多、华为、大疆、小米等），虽然在 30 年前还不存在，但是今天已经占有行业的霸主地位。毋庸置疑，数字革命的趋势已经不可逆转。

据《2021 年全球数字经济白皮书》统计，受疫情冲击，2020 年全球GDP 同比下滑 3.6%，但数字经济表现出强大韧性，2020 年数字经济增加值达到 32.6 万亿美元，同比增长 3.0%，占 GDP 比重为 43.7%。新型冠状病毒感染所造成的全球疫情让那些没有数字化的企业生存更加艰难，而那些已经完全实现了数字化的企业，尤其是以互联网业务为主体的企业，其业务增长反而更加迅猛。从这个角度看，新型冠状病毒感染疫情加速了数字化的进程。

1.1.3　数字化转型已上升为国家战略

党中央、国务院高度重视数字经济与数字化发展，多次做出一系列重大战略部署，全方位推进数字中国建设。《中华人民共和国国民经济和社会发展第十四个五年规划和 2035 年远景目标纲要》中"加快数字化发展，建设数字中国"单独成篇，提出激活数据要素潜能，推进网络强国建设，加快建设数字经济、数字社会、数字政府，以数字化转型整体驱动生产方式、生活方式和治理方式变革的总体要求。

党的二十大报告中，习近平总书记明确提出，加快发展数字经济，促进数字经济和实体经济深度融合，打造具有国际竞争力的数字产业集群。数字经济在制造业领域有着广泛应用，未来的发展前景无限广阔；打造数字经济新优势，赋能传统产业新能级，壮大经济发展新引擎，为与实体经济深度融合指明了发展方向。

各部委及相关单位贯彻落实党中央、国务院决策部署，积极推进数字化转型工作。中华人民共和国工业和信息化部提出一体化算力网络、5G 扬帆、双千兆协同、东数西算等行动计划，完善数字化转型基础；国务院国有资产监督管理委员会 2020 年印发的《关于加快推进国有企业数字化转型工作的通知》中，明确了国有企业数字化转型的基础、方向、重点和举措，开启了国有企业数字化转型的新篇章。

由此可见，我国已进入全产业数字化转型的起步期，数字化转型的声浪正在以加速的态势进入各行业的战略主航道。根据中国移动 2021 年《能力即服务赋能经济社会数字化转型——数智化转型咨询赋能白皮书》，我国数字经济规模持续增长，GDP 占比逐渐增高，预计到 2025 年，中国数字经济规模将增长到 65 万亿元，占 GDP 比重超过 50%，"十四五"期间年复合增长率将超过 10%，如图 1-2 所示。

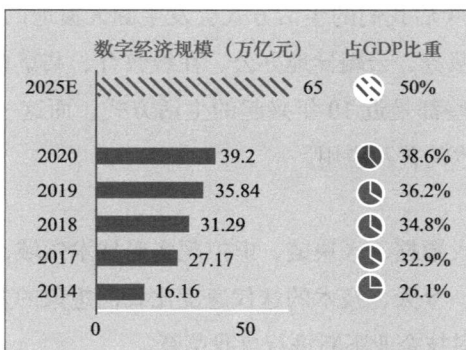

图 1-2　我国数字经济规模持续增长

1.2　数智时代的商业特点

数智化由数而智，因数而智。数智时代，企业需要看到以下新的商业特点。

1.2.1　一切互联的技术和商业形态给企业提出了升级要求

人与人、机器与机器、机器与人之间已经实现了互联的技术可行性，在一切互联的技术基础上，已经有各种新的商业模式落地生根，互联不是简单地把数据沉淀下来，而是从本质上逐渐改变社会、企业以及人的生活方式。这些改变逼迫企业不能再继续沉迷于曾经成功的技术和商业，而是需要尽快探索在一切互联的生活方式和工作方式下，企业自身的产品和服务该如何升级才不至于被淘汰。

1.2.2　技术的快速更新换代加速了市场的变化

创新型企业层出不穷，其技术的迭代速度超乎想象，而且很多技术具有很大程度的颠覆作用，可能会把以前成熟的产品和服务彻底淘汰。10 年前的我们无法想象，10年后我们的生活方式会发生翻天覆地的变化。网上购物、App叫快递和送餐服务、云端异地办公、在线教育、共享单车、网约车、直播、小视频等，这些都是近10年兴起的生活方式，而这一切都来源于互联网和移动互联网技术的普及应用。

在人工智能、大数据、区块链、虚拟现实等技术领域，不断有越来越成熟的科技产品涌现。今天，技术的迭代速度比我们想象的要快得多，这种迭代的速度需要每个科技企业不断进行自我革新。

1.2.3　跨界颠覆让企业越来越看不清潜在的竞争对手

在数字技术的赋能下，企业跨界成为一种新的潮流。跨界思维突破了传统行业人们的固有思维模式。也许出租车行业的老牌企业都没有预料到，现在人们打车的首要方式是用手机里的软件，而不是在马路上等待；各大自行车厂商可能也没有想到，今天共享单车遍布大街小巷，不需要购买自行车，而且也不用担心自行车被盗的风险；以前零售连锁店的代表是沃尔玛，今天在零售领域，国外成长性高的是亚马逊，国内具有代表性的是阿里巴巴，而这两家企业都是互联网企业。数智技术带来跨界颠覆，行业的边界越来越模糊，企业也不得不随之打破和调整其经营边界，尝试在未知的领域探索创新方向。

1.2.4　客户对产品的期望越来越高

在进入数智时代之前，产品的种类匮乏，信息不发达，客户不方便获取其他竞争性产品的信息。在这种情况下，企业以自己为中心，通过广告和销售手段将产品和服务卖给客户来实现盈利。随着科学技术的发展，市场上可选择的产品越来越丰富，价格越来越低廉，技术也越来越成熟，客户对产品的期望也越来越高。同时，客户需求越来越多元化、个性化。越来越多的客户希望参与产品的创造和产品的体验，客户的需求也更加难以捕捉。伴随着互联网带来的信息透明性，客户可以非常容易地获取性价比更高的产品或服务提供商，因此企业的竞争比以往任何时候都更加残酷。

随着移动互联网的普及，信息、社交、视频、直播等无时无刻不在陪伴着客户，客户的注意力很容易被竞争对手的产品牵引走。因此，及时洞察客户的需求和让客户感受到极致的体验至关重要。企业不得不将原有的"以己为中心"的方式转变为真正"以客户为中心"的方式，思考自己提供的产品和服务如何真正给客户带来价值，以及在客户有高度的选择自由的情况下，如何将客户"黏"在自己这边。这需要企业将客户运营和产品的开发过程结合在一起，在洞察需求、产品创造、体验设计、交付服务的全过程与客户互动。

1.2.5　客户期望对其需求的响应更加迅速

在 PC 时代，企业主要给客户单向推介产品和服务，客户从提出需求开始，到获得企业反馈的时间通常以周、月来计。在数智时代，随着移动互联网技术的发展，企业和客户形成了实时双向互动，企业对客户需求的反馈也开始从延迟反馈向实时反馈转变。这需要企业内部非常高效地处理客户的需求，快速决策，让外部客户感受到企业对其反馈是非常迅速的。

数智时代，企业能够通过移动互联网、物联网、大数据、云计算等新技术，借助于海量的数据实时感知市场和生态系统的变化，从而能够主动洞察和分析客户的需求，从被动等待客户需求到主动捕获需求。

1.3　组织革新的迫切性

数智时代，既给企业带来了前所未有的挑战，又蕴含着无限的机遇。中国企业需要在以下 3 个方面提升速度，才有可能在数智时代立于不败之地。

- 创新的验证速度：从洞察新的市场机会到快速地推出解决方案，并验证商业模式的可行性，这个周期越短，企业的创新力越强。

- 响应变化的速度：从洞察到市场或客户的需求变化，到快速地调整解决方案以适配最新需求，这个闭环的周期越短，企业的对外响应力就越强。

- 战略的执行速度：从决定新战略到落地至员工层面实施，这个周期越短，企业的执行效率就越高。此外，面对瞬息万变的环境，企业应该对最新的市场动向保持足够的灵敏性，以便在需要时迅速调转船头。

世界管理大师彼得·德鲁克（Peter Drucker）曾说："动荡时代最大的危险不是动荡本身，而是仍然用过去的逻辑做事。"面对数智时代的挑战和机遇，企业如果再沿用工业化时代的组织结构、管理理念和管理模式，就会对市场变化和客户的需求响应迟钝，新战略实施缓慢，内部阻力重重，新产品和服务创新乏力。

企业必须自我革新，采用新的逻辑和范式，快速感知市场的变化和新机遇，准确把握用户的需求，采取有竞争力的解决方案，迅速执行、落地并推向市场，才能在数智时代获取竞争优势，而这正是企业所需的业务敏捷的能力。

1.4　小结

未来已来。从商业角度来看，我们所面临的国内外商业环境瞬息万变；从技术革新角度来看，每一个企业都无法离开数智化技术以及数智化技术所赋能的商业机会。对于企业来说，与其被动等待淘汰，不如尽快行动，主动拥抱新的时代，掌握适应新时代所需要的理念和工作方式，打造快速感知市场机会和客户需求变化的业务敏捷能力，让自己在残酷的市场环境下保持竞争优势。

　　正如亚马逊创始人杰夫·贝索斯（Jeff Bezos）所言："你能拥有的唯一可持续的优势就是敏捷性，仅此而已。因为没有别的东西是可持续的，你创造的一切，其他人都能复制出来。"第 2 ～ 6 章将详细展开业务敏捷的完整解决方案。

第 2 篇

理念篇

理念篇

第2章

业务敏捷是什么

业务敏捷的根基是敏捷的理念和工作方式。因此，要理解业务敏捷，必须先理解敏捷的理念。

2.1 追本溯源：敏捷到底是什么

就像一千个人心中有一千个哈姆雷特，人们对于敏捷的理解多种多样，很多企业对敏捷的认知仍停留于"一种让产品快速交付、快速迭代的软件开发方式"，以为它不适合其他类型的产品，更不适用于组织管理。因此，我们需要对敏捷追本溯源。

2.1.1 敏捷的起源

敏捷起源于软件开发领域。早在 1970 年，温斯顿·罗伊斯（Winston Royce）提出了著名的"瀑布模型"[①]，如图 2-1 所示，该模型成为软件开发领域的主要流程。

---

① 摘自 Winston Royce 发表于 1970 年的文章 "Managing The Development Large Software Systems"。

瀑布模型的核心思想是将软件生命周期划分为系统需求、软件需求、分析、软件设计、编码、测试和运行 7 个阶段，并且规定了它们自上而下、相互衔接的固定次序，如同瀑布一样逐级下落。

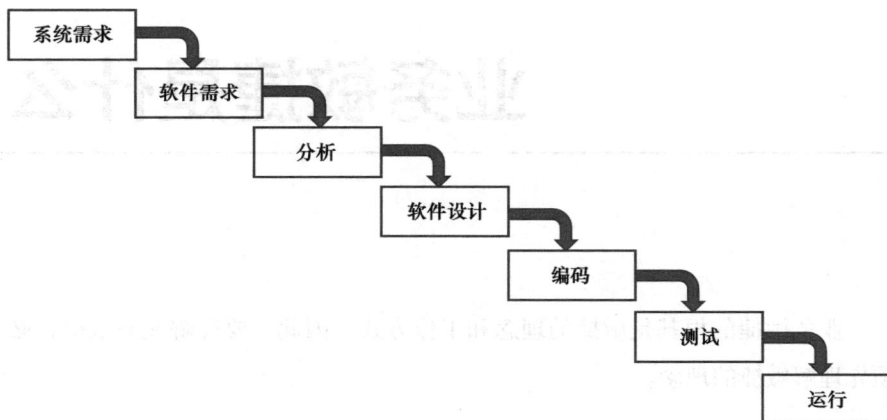

图 2-1　瀑布模型

进入 20 世纪 90 年代后，随着互联网技术的普及，市场变化更加迅速，科技企业越来越认识到采用瀑布模型交付产品的方式无法满足快速响应市场的需求。因此，各种轻量级软件工程方法诞生，包括 Scrum、极限编程、水晶方法（crystal method）、自适应软件开发（Adaptive Software Development，ASD）、动态系统开发方法（Dynamic Systems Development Method，DSDM）、特征驱动开发（Feature-Driven Development，FDD）等。2001 年，17 位轻量级软件工程方法的代表人物齐聚美国犹他州的雪鸟滑雪胜地，经过了两天的研讨会议之后，他们共同签署了对软件行业产生巨大影响的"敏捷宣言"（如图 2-2 所示）。敏捷宣言陈述了他们认同的软件开发方法的价值观。同时，他们用"敏捷"这个词来总领这些理念。

为了进一步阐述以上价值观，敏捷宣言给出了遵循的 12 条敏捷原则（如图 2-3 所示）。

　　敏捷软件开发的方法百花齐放，有些逐渐消亡，而新的方法和实践也在不断演进，但是各种方法都遵循以上的敏捷价值观和原则。VersionOne 在

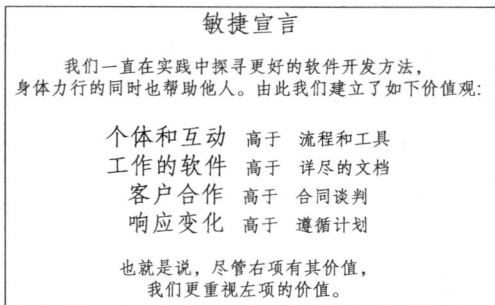

敏捷宣言

我们一直在实践中探寻更好的软件开发方法，
身体力行的同时也帮助他人。由此我们建立了如下价值观：

个体和互动　高于　流程和工具
工作的软件　高于　详尽的文档
客户合作　高于　合同谈判
响应变化　高于　遵循计划

也就是说，尽管右项有其价值，
我们更重视左项的价值。

图 2-2　敏捷宣言

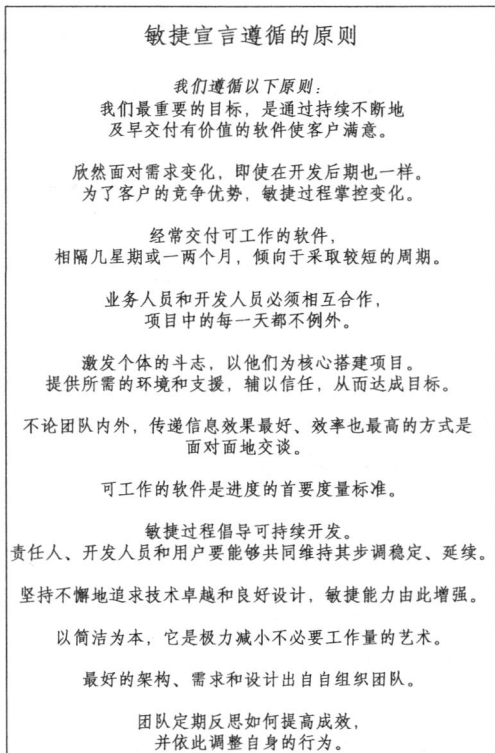

敏捷宣言遵循的原则

我们遵循以下原则：
我们最重要的目标，是通过持续不断地
及早交付有价值的软件使客户满意。

欣然面对需求变化，即使在开发后期也一样。
为了客户的竞争优势，敏捷过程掌控变化。

经常交付可工作的软件，
相隔几星期或一两个月，倾向于采取较短的周期。

业务人员和开发人员必须相互合作，
项目中的每一天都不例外。

激发个体的斗志，以他们为核心搭建项目。
提供所需的环境和支援，辅以信任，从而达成目标。

不论团队内外，传递信息效果最好、效率也最高的方式是
面对面地交谈。

可工作的软件是进度的首要度量标准。

敏捷过程倡导可持续开发。
责任人、开发人员和用户要能够共同维持其步调稳定、延续。

坚持不懈地追求技术卓越和良好设计，敏捷能力由此增强。

以简洁为本，它是极力减小不必要工作量的艺术。

最好的架构、需求和设计出自自组织团队。

团队定期反思如何提高成效，
并依此调整自身的行为。

图 2-3　敏捷原则

2022 年的敏捷调研报告中提示，应用敏捷的团队中有 87% 的团队采用 Scrum 方法，56% 的团队采用看板方法。Scrum 方法的发明人杰夫·萨瑟兰（Jeff Sutherland）这样诠释 Scrum 的核心："每过一小段时间就停一停手头的工作，检查一下取得了哪些成果，看看这些成果是不是自己所期待的，想想有没有更好的方法。"看板方法的发明人大卫·J. 安德森（David J. Anderson）这样诠释看板方法："这是一种管理所有类型的知识性工作的方法。"由此可见，这两种主流的敏捷开发方法不只限于软件开发领域。

2.1.2　敏捷的本质

那么敏捷的本质到底是什么？ 20 世纪 20 年代，美国质量管理专家沃尔特·A. 休哈特（Walter A. Shewhart）博士提出 PDCA 循环，后来 W. 爱德华兹·戴明（W. Edwards Deming）采纳、宣传并将 PDCA 循环普及到业界，所以 PDCA 循环又称戴明环。PDCA 循环的含义是将质量管理分为 4 个阶段。

（1）P（Plan）：计划。包括确定方针和目标，以及制定活动规划。

（2）D（Do）：执行。根据已知的信息，设计具体的方法、方案和布局；再根据设计进行具体运作，实现计划中的内容。

（3）C（Check）：检查。检查总结执行计划的结果，分清哪些做得正确，哪些有偏差和错误，明确效果，找出问题。

（4）A（Act）：处理。对检查的结果进行处理，对成功的经验加以肯定，并予以标准化；对于失败的教训也进行反思，引起重视。对于没有解决的问题，提交给下一个 PDCA 循环去解决。

以上 4 个阶段不是运行一次就结束，而是周而复始地进行，一个循环结束后，解决一些问题，未解决的问题进入下一个循环，从而一个接一个循环呈现阶梯式上升，如图 2-4 所示。戴明环具有普遍适用性，适用于任何项目管理、企业管理、质量管理、团队管理，甚至是个人的提高、改进等活动。

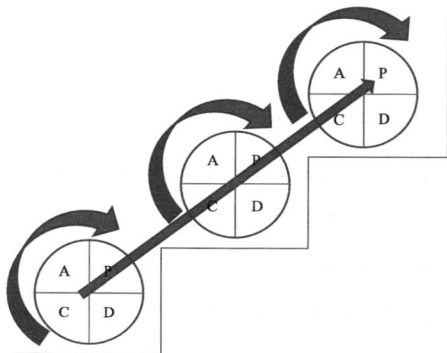

图 2-4 戴明环

敏捷将长周期的、串行的瀑布开发过程拆分为多个短小的时间箱，每个短小的时间箱都采用了 PDCA 循环的步骤，持续发布产品，同时通过持续地进行 PDCA 循环，在为客户持续交付价值后及时获得客户的反馈，通过市场和客户的反馈快速验证产品的价值，并将客户的反馈纳入产品的后续迭代中进行持续优化，如图 2-5 所示。

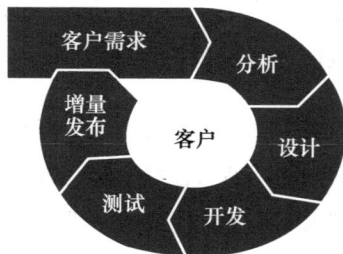

图 2-5 敏捷工作法

因此，敏捷的本质是以客户为中心，通过不断地学习、反馈和调整，以增量迭代方式为客户交付价值的工作方法。敏捷不限于 IT 软件，它适合于提供任何产品或服务的企业。越来越多的企业开始在 IT 以外的产品和团队中应用敏捷方法，以提高对市场和客户的响应力。

2.1.3　敏捷的价值

与传统瀑布工作方式相比，敏捷在以下 3 方面凸显其价值。

- 价值交付周期。在传统瀑布工作方式里，每个阶段结束后并没有产出对客户有价值的产品增量，而是产出系统需求文档、产品设计文档等，直到给客户最终交付的时候才有对客户有价值的产出；在敏捷工作方式里，采取增量迭代的开发方式，在每个迭代结束时都会产出对客户有价值的产品增量。因此在敏捷工作方式下，客户可感知的价值交付周期比在传统瀑布工作方式下明显缩短。

- 对客户和市场的响应力。在传统瀑布工作方式里，在需求分析阶段结束后冻结需求，之后任何需求的变化都需要走严格的变更流程。因为怕影响交付时间，一般都会抑制需求的变化。但是市场已经有了变化，抑制需求的变化反而不能交付真正适配市场的产品，即便最终按时交付，但是交付的是几个月甚至几年前冻结的需求文档里定义的那个产品，而不是现在市场上真正需要的那一个，反而贻误了新的商业机会；在敏捷工作方式里，鼓励拥抱客户和市场的变化，每个迭代均有机会对产品进行调整。因此，敏捷工作方式下，企业对客户和市场的响应力显著提升。

- 产品与客户需求的吻合度。在传统瀑布工作方式里，经常出现花了很长时间但是最终交付的产品与客户的期望偏差很大的情况。本质原因有两个。一个是需求不是一次性或者一段时间内就可以完全定义清楚的。需求定义是不断发现的过程。需求的本质特性决定了即使传统瀑布工作方式存在一个专门的需求分析阶段，在设计、开发甚至测试阶段仍旧会出现新的需求。另一个是需求本身具备不确定性，客户也经常不完全清楚自己想要的是什么，只有看到了产品原型或者使用了产品之后，才有可能厘清自己的需求。因此需要持续获得客户对产品的反馈，才能明确产品下一步该做什么需求、不该做什么需求。

因此，传统瀑布工作方式试图在第一步就定义好完整的产品需求，这其实是在试图实现一个无法实现的梦想。在敏捷工作方式里，每个迭代均向客户演示产品增量，因而可以让产品与客户的真实需求不断逼近，能够保证每个迭代的产品增量都是当下最符合客户需求的产品。

此外，不限于产品开发的范畴，让我们把视角放大到整个企业的范围。根据麦肯锡调研数据，已经有越来越多的企业证明，在整个企业范围内开展敏捷转型，会在诸多方面给企业带来显著的正面影响，如图 2-6 所示。

以客户为中心
顾客净推荐值NPS提高20~30分

增加企业价值
EBITDA提升10%

提升生产率
运营成本减少15%~30%

加快决策流程
产品上市速度提升60%~80%

提高员工敬业度
员工净推荐值提升10~20分

图 2-6 敏捷转型给企业带来的五大价值

- 以客户为中心：与传统企业相比，敏捷让企业更加聚焦于极致的客户体验，从客户与产品和服务所接触的整个旅程着眼，做到端到端的客户体验优化。在敏捷转型后，一些企业的客户满意度大幅度提升，净推荐值（Net Promote Score, NPS）提高显著。

- 提升生产率：敏捷能够释放出团队的创新活力，通过技术革新和商业模式创新，完成有挑战性的目标，提升业务绩效。

- 提高员工敬业度：敏捷能够充分发挥员工主观能动性，从而激发员工的工作热情，让员工更加敬业。

- 增加企业价值：敏捷让组织以目标为导向，通过快速决策、充分授权团队以及及时获取客户反馈，推动价值创造，减少不必要的资源浪费，降低内部成本，从而有效提升企业价值，让企业的 EBITDA[①] 有所提升。

● 加快决策流程：目标导向的决策流程和精简的层级结构大幅提升组织决策效率。组织在实践中对决策进行快速测试，并根据市场变化不断调整。另外，通过敏捷转型，企业的产品开发周期大幅缩短。

2.2 案例解析

B 公司是一家跨国制药公司，在全球几十个国家均有分公司，研发和推广的多款经典和创新药物在所专注的疾病领域享有盛誉。2007 年，B 公司中国分公司在北京成立，正式进入中国市场，并在多个城市设有分支机构。时至今日，B 公司中国分公司对全球的业绩贡献持续提升，稳居全球第二，服务患者超过 4000 万人。

在过去一年中，为了快速响应医药市场复杂多变的环境和疫情反复冲击，并实现数字化领域的突破创新和业务可持续增长，B 公司在战略、架构、领导力、工作方式等多个维度发力，开展业务敏捷转型，取得了一系列令人惊喜和振奋的成果。

● 数字化业务增长超过 40%。

● 市场占有率提升，业务目标提前完成。

● 最小可行产品（Minimum Viable Product，MVP）发布周期加快 40%。

---

① EBITDA 是 Earnings Before Interest，Taxes，Depreciation and Amortization 的缩写，即未计利息、税项、折旧及摊销前的利润。

- 团队会议效率显著提升 50% 以上。

- 内部客户参与产品开发和策略共创成为新常态。

- 敏捷试点项目人才保留率达到 100%。

2.2.1　转型前的 B 公司

回看一年前的 B 公司，采用的是传统的职能型组织架构，尽管也设置跨部门团队，但苦于参与人数众多，信息沟通庞杂，无法真正聚焦于当下业务挑战的解决和机会的把握。项目采用传统的瀑布式管理，虽然跨部门人员努力推动，但是对外部市场环境变化和最新政策趋势的应对总有些力不从心。领导者身负重任，要规划长期战略，还要指挥具体行动，监控执行进度，身心俱疲。员工的主人翁意识比较薄弱，潜能有很大的释放空间。

2.2.2　组织架构优化

经过调整与优化，B 公司的组织架构更加精简、扁平。数支虚拟敏捷团队的成立为组织注入了更多活力。B 公司新的组织架构如图 2-7 所示。

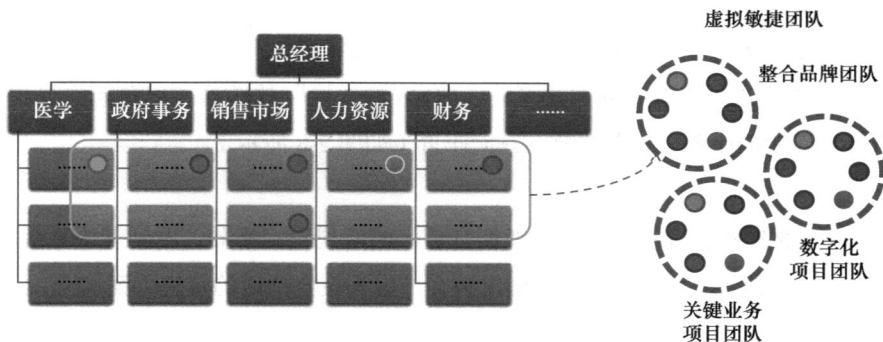

图 2-7　B 公司新的组织架构

以整合品牌团队为例，这支虚拟敏捷团队被管理层充分授权并赋能（第

3 章将详细介绍），由直接负责相关职能工作、能当家做主、聚焦于问题解决的相关部门人员组成，核心成员控制在 10 人左右，采用"自组织"的运作模式，设置项目赞助人、产品负责人、敏捷教练等角色。团队通过共创，产出大家共识的愿景目标和工作协议。在面对业务问题和机会时，团队拥有相应的决策权，可以迅速响应市场改变，给出更加及时和科学的决策。团队成员协同担责，从各自的专业角度贡献解决方案，打破部门边界，实现快速统筹合作。

截至目前，B 公司约有 15% 的员工参与到虚拟敏捷团队中，通过与跨部门伙伴的协作，快速高效地实现业务创新和战略落地。在充分贡献自己专业能力的同时，团队成员有机会与跨部门伙伴跨界交流、互学互鉴、拓宽视野、积累多元化的经验与技能。在 MVP 成功上市后，一些虚拟敏捷团队依然不散场，延续跨部门自组织的运作机制，并衍生出新的敏捷项目团队。团队成员也非常乐于将敏捷的理念和工作模式带回自己的职能部门，从而带动整个组织的敏捷转型。随着团队成熟度的不断提升，B 公司也在新产品上市、业务规划、公司培训课程设计、大型会议组织等业务场景和重要项目中推广敏捷工作方式，持续提升组织效能、团队活力和敏捷应变市场的能力。

2.2.3　领导力转型

B 公司认为，赋能并激活个体和团队，领导者扮演着非常重要的角色，需要完成从"掌控者"到"共享式""仆人型领导"的转型，肩负起愿景构建者、潜能催化者、好奇的教练三大职责（如图 2-8 所示）。

- 愿景构建者：需要领导者拥有更广阔的视野和格局，看到整个系统，前瞻未来，引领团队共创出为客户带来较大价值的解决方案。

- 潜能催化者：需要领导者促进跨部门以及利益相关者的联结与协作，赋能和激励团队，释放出最大潜能。

- 好奇的教练：需要领导者始终保持好奇心，果敢决策，积极行动，引领团队和组织终身学习，不断进化与迭代。

图 2-8　敏捷领导者的三大职责

为了赋能领导者实现敏捷领导力转型，B 公司的管理层一马当先，担任重要数字化项目和敏捷项目的发起人，鼓励团队创新并与客户共创 MVP，充分授权团队决策，并定期参与团队产出演示及复盘会议，践行敏捷的理念和价值观。B 公司的延展管理团队（即公司管理层减一层级）有超过 80% 的领导者躬身入局，深度参与敏捷冲刺工作流程，并将敏捷的理念和方法带回自己的团队进行实践。同时，B 公司也通过内外部敏捷教练的辅导、打造学习型组织、推动反馈和协作文化等一系列举措，助力领导者实现敏捷领导力转型（第 4 章详细介绍）。

B 公司总裁曾经引用过这样一句非洲谚语："一人独行走得快，众人同行走得远。"在实现愿景的旅程中，需要每一位伙伴全情投入，贡献智慧和力量。敏捷工作方式打造出了一个充满活力的平台和多元包容的环境，团队成员能够充分发挥各自专业领域的特长，同时有机会开拓视野，了解其他模块和全价值链的运作模式，犹如经历了一段"轮岗"之旅。通过充分的管理赋能，员工从传统的对岗位职责负责，真正升级到对流程负责、对业务负责、对组织负责。这也为公司打造面向未来的 Π 型人才和 T 型人才战队提供了良好的环境和机遇。

2.2.4 战略与目标

在数智时代冲浪，企业既要保持战略定力，确保方向清晰；又要敏捷灵活，洞悉市场变化和新趋势，及时响应并动态调整。在变与不变之间、战略制定与执行之间保持平衡，B 公司一直在摸索属于自己的道路。

B 公司将公司层面的目标和策略品牌的三年战略作为指南针，在保持战略稳定的同时提前布局，让大家上下同欲，步调协同，降低大家对未知的焦虑。每个人充分理解自己的工作如何对接战略目标，可以激发主人翁意识、责任感和价值实现感。

同时，结合政策和随时涌现的业务挑战与机会，B 公司摸索出一套自己的敏捷决策和应对机制，聆听一线声音，阶段性地去切割目标并推动执行，具体表现在以下方面。

- 每周举办一次管理层午餐会，每半年举办一次延展管理团队工作坊，就当前与未来的战略进行及时的同步、反馈、讨论和答疑，并定期组织战略复盘会，然后以季度为单位将战略分解为目标，开展跨部门目标拉通共识会，季度末做目标复盘（第 5 章将详细介绍）。

- 根据涌现的业务机会和挑战，及时组建虚拟敏捷团队（第 3 章将详细介绍），冲刺产出行之有效的项目方案，解决业务最棘手的问题。通过双周卓越执行会议和激励性记分看板，落地行动计划并跟进进展，根据内外部客户的反馈进行迭代调整，形成从战略到执行的闭环。

2.2.5　从瀑布式到迭代式

将对客户的承诺转化为内部运营的具体流程，B 公司也在逐步探索和优化适合自己的实践之路。在数字化创新项目"销售赋能"中，为了满足客户的需求，B 公司在项目启动伊始即引入创新产品业务敏捷方法论（第 6 章将详细介绍），邀请业务负责人参与敏捷培训，一线业务代表全程深度参与访谈、业务流程梳理和系统模块的设计。在产品开发过程中，项目组聆听并收集用户的反馈与建议，并基于用户反馈持续优化系统功能和呈现形式，产出对终端用户更实用、更友好的 MVP。在 MVP 发布后的二期和三期项目中，基于一线业务用户的使用数据和机器学习，更新迭代系统内容和智能建议，持续赋能一线销售员工和领导者以做出更佳的业务决策，提升效率和业务表现。

为了配合数字化试点项目的顺利推进，B 公司推广了敏捷的理念和工作方式，通过迭代式交付（第 7 章详细介绍）提升组织的适应力和敏捷性。B 公司为数字化试点项目建立起跨部门自组织的项目团队，充分授权产品负责人和团队，基于市场分析数据和一线业务洞察，自主发起直击痛点、对业务突破真正有价值的项目。通过以两周为单位的冲刺迭代，验证业务假设，并根据客户和利益相关方的需求和反馈，不断对方案和产出进行检核与迭代。产品负责人有权根据执行的情况和团队的交付能力，在可控范围内调整节奏，以确保团队持续保持高绩效。团队共创的工作方式最大限度地激发了跨部门人员的集体智慧，提升了方案产出的速度和质量。由于项目始于客户未满足的需求，也切切实实解决了业务挑战和瓶颈，因此赢得了业务领导者更高的承诺度、支持度和满意度。

总而言之，兼具长期战略定力和阶段性敏捷调整的决策机制，更加扁平、灵活可以随时集结敏捷虚拟团队的组织结构，以客户为中心持续反馈迭代的交付模式，配合关注愿景共识、潜能激发、协作共赢的新型领导力，使得 B 公司敏捷转型。B 公司提升了决策和运营的速度与质量，能够更灵活地应对环境变化，创造非凡的绩效和更佳的员工体验。

2.3　业务敏捷的定义

理解了 B 公司的业务敏捷如何开展之后，让我们看看业务敏捷如何定义，应该遵循哪些原则，以及业务敏捷的框架。

鉴于敏捷不限于 IT 行业，适合于任何提供产品或服务的企业，越来越多的企业像 B 公司一样，开始在 IT 以外的组织和产品范围应用敏捷的理念，并切实提升了组织对市场和客户的响应。鉴于此发展背景，本书对业务敏捷定义如下：业务敏捷是描述一个组织应用敏捷的思维，通过创新的解决方案快速响应市场变化和新出现的机遇，从而在数智时代参与竞争并蓬勃发展的能力。在这个广义的定义下，业务敏捷适用于任何类型的行业、任何类型的企业、企业里任何类型的组织，包括但不限于 IT、产品、研发、销售、人事、财务、生产等职能组织。

本书采用的业务敏捷的概念属于广义概念。敏捷在 IT 行业的发展历史悠久，因此到目前为止，敏捷在 IT 行业应用仍旧是最为广泛和深入的。

图 2-9 是一个典型的软件产品全价值链示意图，团队在深入洞察用户和研究市场后诞生产品的创意，之后经过了产品定义→需求分析→设计→开发→测试→部署→上线的环节。在产品上线后，用户使用产品，提出反馈意见。用户的反馈可能是关于产品新功能的创意，也可能是对已经上线的功能的优化意见。团队将用户的反馈意见转换为需求后，继续进入产品的价值链流动。

在大部分 IT 组织里，敏捷转型只是覆盖了整个价值链的研发环节（图 2-9 中从设计到上线之间的环节），而没有覆盖作为需求的提出方和用户反馈的收集方的业务团队。因此，很多 IT 行业从业者对业务敏捷的理解是突破 IT 范围的敏捷应用，将业务部门与 IT 部门协同敏捷。这种狭义的定义仍旧属于敏捷软件开发的范畴，这种情况下业务与 IT 在组织层面如何协同将在 3.4.4 节详细介绍。

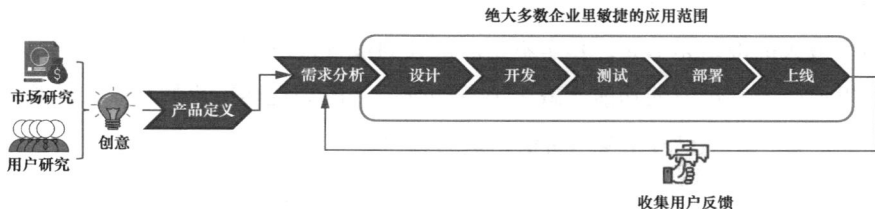

图 2-9　软件产品全价值链

2.4　业务敏捷的根本原则

业务敏捷需要遵循以下 4 条根本原则。

1. 在整个价值链范围采用小步 PDCA 反馈环

图 2-9 所示的软件产品全价值链是一个理想的直线过程，但是在实际中，产品从创意到研发启动并不是一个直线的过程，而是一个探索用户和验证需求的过程，需要多次根据洞察到的用户需求来调整产品创意；在产品研发环节，也需要持续迭代和优化产品，每次发布后，需要收集用户的反馈，根据反馈决定产品下一步做哪些功能或优化以满足用户的需求；在产品发布后，需要设计用户增长的策略，不是规划运营措施后就关起门来执行，而是需要设计一系列的用户增长试验，根据试验结果调整用户增长的策略。因此，产品价值链的整个过程，从洞察用户的需求，到产品交付，再到用户运营，每个环节都需要采用小步 PDCA 反馈环，小步试验，快速调整。

2. 用户深度参与价值创造过程

毋庸置疑，用户是产品创意的灵感源泉。但遗憾的是，在很多已经开展敏捷转型的企业里，创意的灵感源泉仍旧是靠个别领导拍脑袋。意大利经济学家维尔弗雷多·帕累托（Vilfredo Pareto）于 1897 年提出：80% 的财富集中在 20% 的人手里，而 80% 的人只拥有社会财富的 20%。这种不平衡性在社会、经济、生活中无处不在，同样适用于做产品：产品中 80% 的功能只被 20% 的用户使用，而 20% 的功能被 80% 的用户使用。很多人凭直觉认为产品里最大的浪费是 Bug，其实不是。最大的浪费是没有价值的产品，以及产品里那些没有价值的功能。减少浪费的唯一手段是观察用户的场景，聆听用户的声音，让用户真正参与价值创造的过程。

3. 充分授权全功能团队

传统的组织形态是以资源利用为中心的职能型组织，产品的价值链穿越市场部、业务规划部、产品经理部、用户体验部、开发部、测试部、运营部、运维部。由于部门壁垒的存在，导致跨部门协作和沟通效率低下。此外，每个部门的职能角色各司其职，互相不了解彼此的工作。处于价值链上游的市场人员、产品经理等不懂产品研发，通常以为交付是一件非常容易的事情，经常抱怨研发团队交付的产品与他们所提的需求有出入；处于价值链下游的开发工程师、测试工程师不懂业务，不了解客户的场景，只是单纯地实现了需求，也感受不到面向市场的一线业务人员的压力。

业务敏捷转型需要打破部门壁垒，组建全功能团队，负责产品的价值链全部环节。全功能团队将产品价值链各个环节、各个角色的交接和等待限制在了一个团队内部，因而与传统的组织形态相比，全功能团队极大地提高了沟通协作的效率，加速了价值的流动，从而让企业对市场的响应力大幅度提高。

更重要的一点是，这个全功能团队是被上级领导充分授权的。团队在确保产品的战略与公司战略一致的前提下，全权决定产品做什么、怎么做，并且运用业务敏捷的 4 条根本原则中的第一条不断提升团队的绩效。组织的高管层既要充分授权全功能团队，给予其高度的独立性和足够的资源，又要让其承担相应的责任，权力越大，责任也就越大。

4. 一切决策都依据及时获取的数据

传统组织开展业务都是采用长周期的、跨越多个部门的流程，导致获取数据的周期很长，不能及时获取数据并提供给团队和管理层作为其做出科学决策的依据。同时，一般来说，传统组织获取数据和分析数据的意识也比较薄弱，很多时候是凭经验做决策。

经常出现的情况是，在产品立项环节，由于用户调研周期长导致用户样本数量少，对用户需求没有清晰的洞察就开始立项；在产品研发环节，对团队的效率没有度量，不知道从哪些地方着手来改善研发效能；在产品发布后，客户抱怨质量差，但是由于开发和测试周期长，很难定位质量问题的具体位置；在产品上线后，获取用户反馈的周期长，导致产品改进的方向不明确。

团队在采用了第一个原则和第三条原则后，所有的环节所耗费的时间极大地缩短，因而团队获取数据也更加容易，团队可以在每个 PDCA 反馈环的检查阶段，依据数据分析的结果调整下一步的行动计划。本原则贯穿价值链的所有活动，包括用户洞察、产品研发、用户运营的所有环节。

2.5　业务敏捷框架

有了业务敏捷的 4 条根本原则，组织该如何向业务敏捷转型呢？根据辅导众多企业的转型经验，我们总结并提炼出业务敏捷转型框架，称之为"业务敏捷魔方"，如图 2-10 所示。本书各个章节的内容按照这个魔方的结构依次展开。

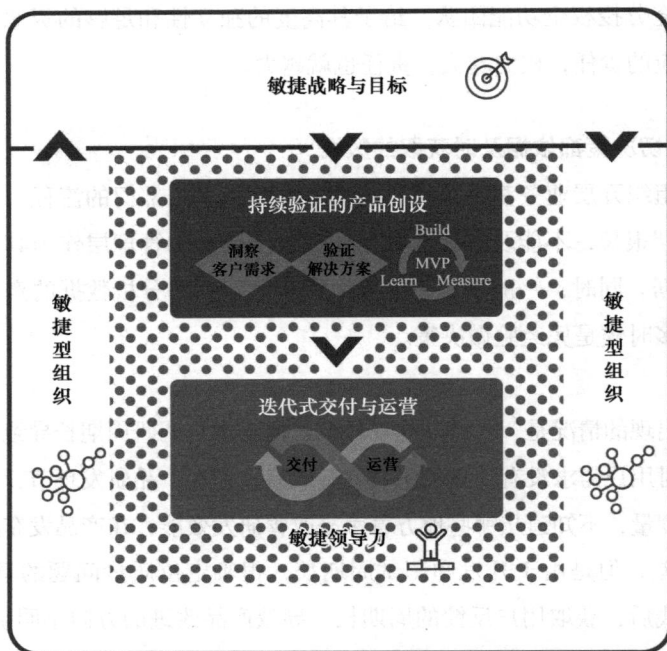

图 2-10　业务敏捷魔方

2.5.1　敏捷型组织

促进局部优化的组织设计必然会拖累组织对市场和客户的响应速度，因此组织结构的设计对于组织能否迅速地抓住商业机会以及迅速执行战略起到基础性的作用。在业务敏捷魔方中，我们将"敏捷型组织"置于最外层，寓意组织就像容器，组织内部的人、事、物都在组织环境内发展。组织内部的人的潜能是否能够充分释放、流程和制度的作用能够发挥到多大，都会受限于组织结构的设计。

另外，需要采用与业务发展阶段相适应的团队阵型。根据业务敏捷第三条原则，业务敏捷应该采用全功能团队的结构。但是，现有的传统职能型组织如何向全功能团队转型，对每一个企业来说都是非常有挑战性的。

第 3 章会介绍敏捷组织设计模型以及传统职能型组织向敏捷组织演进的路径。

2.5.2 敏捷战略与目标

业务要敏捷，战略必须先敏捷。

敏捷战略的核心算法是生物进化算法，它挣脱了传统战略的条条框框，倡导以轻量化的战略共创共识会启动战略制定工作，生成战略的初级版本，之后，随着战略的不断展开对战略进行持续迭代，最终演化出贴近市场和组织需要的精准战略。

敏捷战略规划的周期相对较长，通常是 1～3 年。因此，我们需要有更短周期的目标管理去落地敏捷战略。目标与关键成果（Objectives and Key Results，OKR）生而敏捷，通常以季度为单位，字节跳动的 OKR 周期甚至是双月，用它承接敏捷战略再合适不过了。

因此，在业务敏捷魔方中，我们将敏捷战略与目标置于最上层，寓意向导的作用，它是组织内业务活动的向导，把组织导向要去的地方。第 5 章将详细介绍何为敏捷战略、敏捷战略和敏捷目标的制定过程，以及如何从传统战略向敏捷战略演进。

2.5.3 敏捷领导力

组织若要在极端不确定的环境下具备高度的市场响应力，需要从组织、战略和目标制定、产品创新、开发和运营各个方面做出变革。一方面，任何变革对企业来说都是非常困难的，只有领导者有权改变组织的结构和工作方式，因此，若没有领导者的支持，任何变革都不会成功；另一方面，只有领导者负责营造鼓励高绩效团队蓬勃发展的组织文化，让团队成员的内在潜力得以释放。因此，领导者必须内化敏捷的思维和工作方式，并带领团队在组织中践行，以便团队成员从领导者的行为中看到榜样的作用。

因此，在业务敏捷魔方中，我们将"敏捷领导力"置于仅次于敏捷型组织的中间层位置，寓意领导力起胶水和润滑剂的作用。第 4 章将介绍领导者如何创造拥抱业务敏捷的环境、赋能团队、培育敏捷文化等内容。

2.5.4　持续验证的产品创设

从诞生一个产品的创意起，到开发及运营产品的整个过程中，应该采用什么样的流程和实践才能够实现端到端的业务敏捷，让组织得以真正地以客户为中心，快速响应客户的需求？我们将这个问题分为两个模块解答："持续验证的产品创设"和"迭代式交付与运营"。在业务敏捷魔方中，我们将这两个模块置于中心位置，寓意其属于组织的核心引擎。

2.5.5　迭代式交付与运营

在组织验证了新产品或服务与市场匹配后，即进入产品优化及运营阶段。在这个阶段，产品开始加快打磨优化，业务也进入增长期。组织需要采用迭代式交付循环，增量式交付产品或服务，持续收集用户对产品的反馈，并对用户的反馈做抽象提炼，总结成产品的需求，纳入产品的设计中，持续优化产品以满足用户的需求。

同时，组织需要构建产品或服务的客户转化漏斗，并设计一系列小步增长试验，采用数据驱动的方式，密切收集产品运营数据，将数据分析的结果调整进下一步增长试验，以获得用户的最大化增长。第 7 章将详细阐述这部分内容。

2.6　业务敏捷路线图

在组织中进行业务敏捷转型，需要经历一段持续尝试和学习的旅程。我们基于对业界业务敏捷相关理念的研究和多年的实践经验，将业务敏捷转型分为以下 3 个重要阶段，如图 2-11 所示。

阶段 1：培育敏捷意识和接受度。这一阶段的目标是开启敏捷转型，积累组织早期的敏捷经验，使业务团队对新工作方式建立信心。在敏捷转型初始的 6 个月内，企业选择几个试点团队尝试敏捷实践。在此阶段，培育高层领导者和试点团队成员使其具备敏捷知识至关重要，要确保他们对敏捷有充分的理解和认知，并建立共同的语言和工作模式，助力组织从敏捷转型的第一天就走上正确的实践道路。

试点团队通过敏捷工作方式，快速交付 MVP，获得早期业务成果，从而使高管层树立对业务敏捷的信心，身体力行地支持业务敏捷在组织里向纵深发展。

试点团队一般是从公司典型的业务领域选择一些有代表性的、一次性的项目的团队。每个项目都有其各自的特点，因此它们可能应用的敏捷实践将不完全相同，通过试点探索提炼得出的共性实践对整个组织才更加有意义。因此，在试点团队的项目结束之后，组织需要复盘早期试点团队探索的过程，对敏捷实践进行总结，初步建立起在本企业可复制的更多业务的敏捷工作模式。

阶段 2：将敏捷应用到核心业务流程。这一阶段的目标是在核心业务流程中植入敏捷工作方式。在阶段 1 通过试点团队取得了积极的业务成果并获得高管层认可后，组织将敏捷的应用场景进一步拓展至核心业务流程，例如战略产品的创设、开发和运营，以及组织业务规划、品牌策略、组织战略规划、重点客户群的经营等，从而创造更广泛的业务价值，让敏捷在组织中的

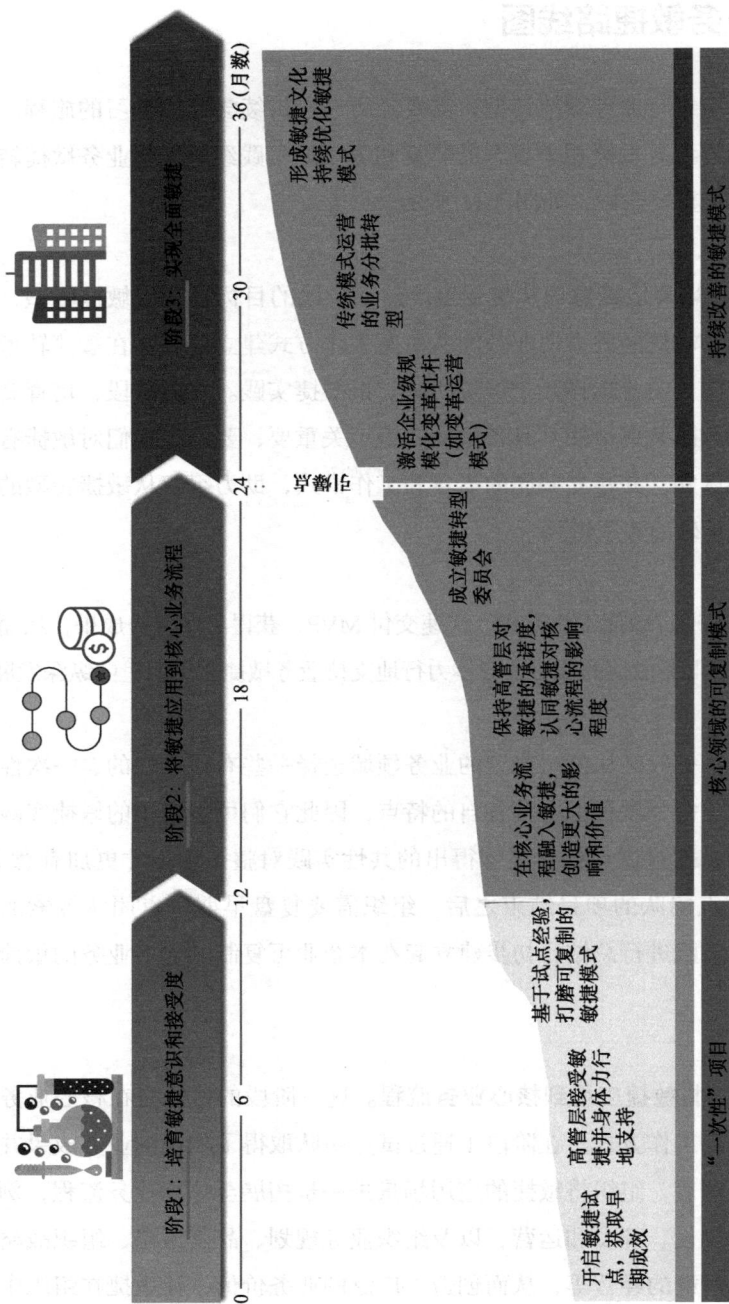

图 2-11　业务敏捷路线图

影响力进一步扩大。

在核心业务流程应用敏捷的过程中，组织需要注意继续保持高层领导者对敏捷的承诺度，对于产生的业务成效进行总结、宣传、推广，使更大的组织范围认同敏捷对核心流程的影响程度，从而为下一阶段的全面规模化敏捷做准备。

在此阶段的末期，需要建立敏捷转型委员会。敏捷转型委员会是由企业高管层亲自领导的变革小组，负责对组织的敏捷转型进行长期规划，对组织转型的过程进行治理，以及赋能更多的业务领域应用敏捷。敏捷转型委员会负责培育企业内部的敏捷教练种子人选成为专业的敏捷教练。敏捷教练需要在组织里推广敏捷理念、开展敏捷培训，结合敏捷原则、实践和工具及试点经验的分享为组织赋能，持续提升员工对敏捷的理解、热情和参与度。

在阶段 2 后，由于组织的核心业务流程实现了敏捷，人们对敏捷已经高度认同，此时达到了"引爆点"，可以在整个组织范围内所有的业务领域逐步、分批次应用敏捷，即进入阶段 3。

阶段 3：实现全面敏捷。这一阶段的目标是在整个组织层面实现规模化敏捷。此时需要通过重大的变革项目来撬动规模化变革。变革项目可能会以数字化变革、流程再造、敏捷变革等各种名义出现，但是本质上都会触动组织的业务运营模式，组织需要这样的重大变革项目来撬动整体改变。

变革不是一夜之间发生的，由敏捷转型委员会领导的变革项目需要对组织的每一个业务领域进行分类，规划每一个业务领域的转型时间，分批次应用敏捷。在此过程中，敏捷转型委员会需要审视哪些传统的工作流程、制度、工具需要保留，哪些需要改变，从客户旅程的视角分析，哪些流程环节需要数字化（即从线下转到数字化平台）。

随着敏捷融入越来越多的业务领域，传统的工作模式逐渐被打破，组织固化了敏捷的工作方式，组织里的员工逐渐形成按照敏捷的理念思考和工作的习惯。各层领导者和各个敏捷团队根据企业战略和目标，在工作中持续演进和优化敏捷工作模式。最终，敏捷成为组织文化的一部分，就像员工每日呼吸空气一样自然。

2.7　小结

敏捷的本质是以客户为中心，通过不断学习、反馈和调整，以增量迭代方式为客户交付价值的工作方法。因此，敏捷的理念不限于 IT 行业，适合于任何提供产品或服务的企业。越来越多的企业开始在 IT 以外的产品和团队中应用敏捷方法，以提高对市场和客户的响应力。

业务敏捷是描述一个组织应用敏捷的思维，通过创新的解决方案快速响应市场变化和新出现的机遇，从而在数智时代参与竞争并蓬勃发展的能力。

业务敏捷需要遵循 4 条根本原则：在整个价值链范围采用小步 PDCA 反馈环，用户深度参与价值创造过程，充分授权全功能团队，以及一切决策都依据及时获取的数据。只有理念和原则还不足以在组织里实施业务敏捷，在这 4 条业务敏捷原则的基础上，组织可以依据"业务敏捷魔方"向业务敏捷转型。业务敏捷魔方的模块将在第 3~7 章详细介绍。

第 3 篇

实践篇

第3章

设计高适应力的敏捷型组织

企业具备与外部环境适配的组织结构是实现业务敏捷的基础。一方面，从企业外部的视角来看，一个僵化、有深厚职能部门墙、决策迟缓、效率低下的组织，无法与瞬息万变的市场相适应；另一方面，从企业内部的视角来看，组织结构是团队和员工工作的基础环境，团队的能力能够发挥到多大，以及每个员工的潜能能够释放多少，都会受限于企业现有组织结构的设计。

本章剖析传统的职能型组织结构的起源和弊端，介绍具备高适应力的敏捷型组织模型，以及传统的职能型组织向敏捷型组织演进的路径。

3.1 传统的职能型组织结构

传统的职能型组织诞生于工业时代。迄今为止，绝大多数的企业采用的仍旧是职能型组织。职能型组织有其长期存在的历史渊源。

3.1.1 职能型组织的诞生背景

在职能型组织（如图 3-1 所示）中，从下至上将相同职能的各种活动组合起来，将所有与特定活动相关的人的知识和技能合并在一起，从而为组织

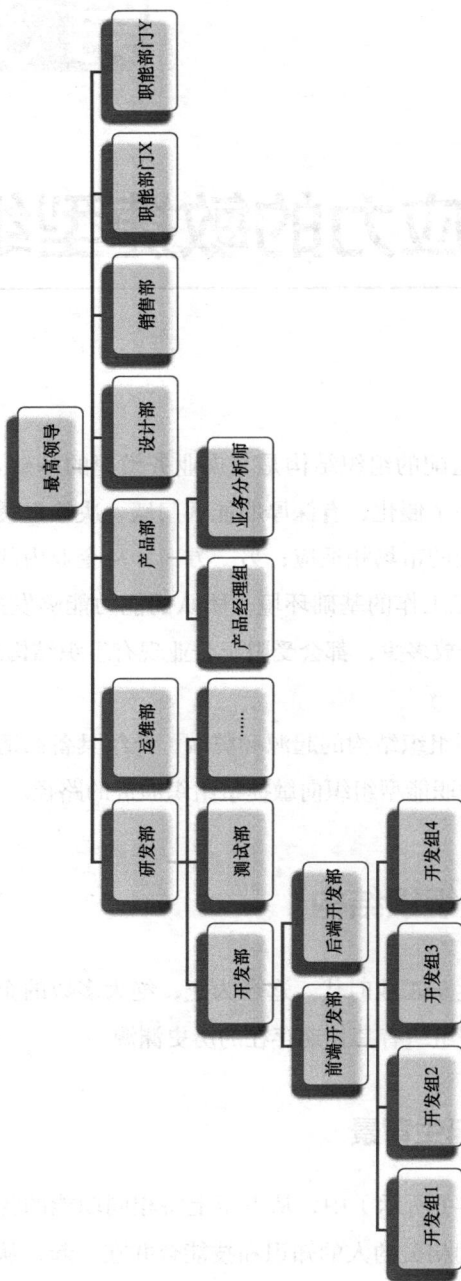

图 3-1 职能型组织

提供纵深的知识。

　　职能型组织结构在过去上百年的历史中起到了非常重要的作用。追溯到一个世纪前，人类的生产方式以学徒制和小型家营企业为主，当工业发展起来后，那些基于个人手工、效率低下的工作流程在工业领域被成倍放大，造成产能低下。在工业时代，一方面，个体和一部分人的灵感及直觉已经无法支撑起大规模的工业行为；另一方面，生产流程的庞杂及精细化程度要求规划者和协调者要确保所有要素能够高效、有效地拼接起来。因此，领导者的地位也相应提升，领导者需要承担设计流程、制定标准和制度，以保证工厂高效产出的重任，而工人们则降格成为执行工具。

　　在这样的时代背景下，弗雷德里克·温斯洛·泰勒（Frederick Winslow Taylor）提出了科学管理方法，强调用"建立标准—执行标准"的科学工作方法取代过去的经验工作方法，用最高的产量取代有限的产量，发挥每个人的最大效率。而管理层的主要职责是把过去工人自己通过长期实践积累的大量传统知识、技能和诀窍集中起来，概括形成标准化的规律、守则、最佳实践，在执行层中进行推广。在此基础上，直线职能制组织模式的概念被提出，即以直线为基础，在各级行政主管下设置相应的职能部门从事专业管理，将它们作为专业参谋辅助行政主管的统一指挥。在直线职能制组织中，下级机构向上级机构汇报，受其管理，并受同级部门的指导和监督。各级行政主管逐级负责，高度集权。自工业革命后，大多数行业都认同"科学管理"体系及与之相一致的职能型组织，这样的组织及管理理念在应对大规模组织里那些已知、可重复的流程时，能够达到极端高效。

　　在职能型组织中，若企业越来越庞大，层级越来越多，则自然形成金字塔一样的层级结构，如图 3-2 所示。领导者发号施令，命令层层下达，基层单元被动执行指令。

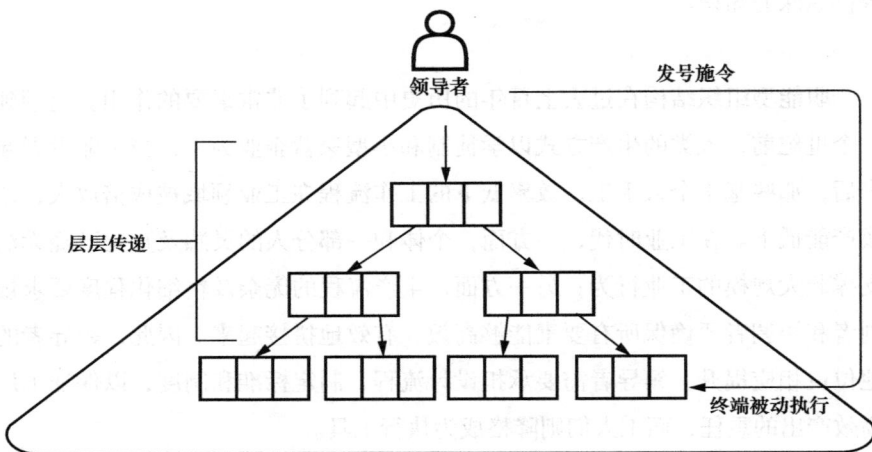

图 3-2　金字塔结构

3.1.2　职能型组织的弊端

职能型组织在整个 20 世纪获得了成功。在业务环境确定的情况下，组织的目标明确，执行路径清晰简单，横向协调的需求较少，此时组织追求的是规模经济所带来的执行效率。在追求执行效率的目标下，组织需要通过纵向层级连接进行控制和协调，而职能型组织结构正好促进了职能领域内规模经济的实现。例如，产品开发部门采用同样的标准和流程研发过程，每一个开发工程师按照同样的动作工作，保证流程在执行过程中不会产生太大的偏差；每个开发工程师可以同时负责开发多个产品，确保没有人力资源闲置；整个开发部门集中管理开发环境和开发工具等硬件和软件资源。这极大地减少了重复建设和浪费。

但是，21 世纪人类进入了互联网时代，由于市场环境变化剧烈，商业模式更迭不穷，科技迭代速度加快，企业的业务变得极其复杂，职能型组织对外界环境变化响应迟钝的弊端越来越突出，表现在以下 4 个方面。

- 决策效率低下。在职能型组织里，从客户提出需求到交付产品给客户的整个价值链过程跨越多个部门，内部信息流转节点多，信息经过多个部门的处理后才传递到决策层。信息的处理、论证及决策链条过程长，导致整体决策效率低下。此外，很多决策不能由某一个部门独立做出，经常需要集中到业务的最高领导才行，这使得纵向层级决策链出现负载，决策堆积，高层领导者经常成为组织决策效率的瓶颈。

- 对客户的响应缓慢。当客户提出需求后，需求经过各个部门处理，而各个部门有自己的优先级排序方式，并且各个部门的员工往往同时在多个项目里并行工作，导致客户的需求经常处于等待状态，从而业务价值交付时间漫长。

- 跨部门协调困难。在职能型组织里，各个职能部门难以凝聚共同的目标，每个部门服务于各自的 KPI。在复杂的业务环境下，当跨越各个职能部门的横向协调成为常态时，部门壁垒带来的问题尤为突出。

- 创新乏力。在职能型组织里，由于各个职能角色聚焦于自己的专业性工作，很多职能部门的员工离客户和市场非常遥远。当市场出现新的机会点需要各个部门联合创新探索时，即使那些离客户和市场最近的部门发现了创新机会，也难以调动各个职能部门的资源形成合力开展一项创新探索性工作，从而导致延误市场机会。

在当今时代，高度不确定的业务环境成为每个企业所面临的常态，需要组织提升响应力，而职能型组织无法满足这一要求，因此很多创新型组织形态得以诞生，来尝试解决这一问题。

3.2 业界的创新型组织形态

瞬息万变的市场环境倒逼组织的领导者和组织设计专家革新组织思维，

探索新的组织形态。目前业界有多种创新型组织形态（包括阿米巴、合弄制、青色组织、敏捷部落制等），它们都在一定程度上带有敏捷的特征。下面对这 4 种组织形态做简要介绍。

3.2.1　阿米巴

1959 年，稻盛和夫成立了京瓷公司，又在 1984 年成立了第二电信公司 KDDI。这两家公司一直保持着高收益，取得了持续发展，其原因就在于采取了基于牢固的经营哲学和精细的部门独立核算管理的经营模式，即"阿米巴经营"。

"阿米巴"（Amoeba）在拉丁语中是单个原生体的意思，属原生动物变形虫科，虫体赤裸而柔软，其身体可以向各个方向伸出伪足，使形体变化不定，故而得名"变形虫"。变形虫最大的特性是能够随外界环境的变化而变化，不断地进行自我调整来适应所面临的生存环境。这种生物由于其极强的适应能力，在地球上存在了几十亿年，是地球上最古老、最具生命力和延续性的生物体。

在阿米巴经营模式下，组织被划分成一个个小的团体，通过独立核算制加以运作，在公司内部培养具备经营者意识的领导，实现全体员工参与经营的全员参与型经营。阿米巴模式有以下 3 个目的。

- 确立与市场有直接联系的部门的核算制度。在阿米巴经营模式下，企业经营的理念和原则是"追求销售额最大化和经费最小化"。为了在整个企业范围内实践这一原则，需要把组织划分成小的单元，采取能够及时应对市场变化的部门核算管理。

- 培养具有经营者意识的人才。经营权下放之后，各个小单元的领导会树立起"自己也是一名经营者"的意识，进而萌生出作为经营者的责任感，尽可能地努力提升业绩。这样一来，大家就会从作为员工的"被动"立场转变为作为领导的"主动"立场，这些领导中开始不断涌现出与企业主一同承担经营责任的经营伙伴。

● 实现全员参与的经营。如果每一个员工都能在各自的工作岗位为自己的阿米巴甚至为整个公司做出贡献，如果阿米巴领导及其成员自己制定目标并在实现这一目标的过程中感到工作的意义，那么全体员工就能够在工作中找到乐趣和价值，并努力工作。

阿米巴本质上是一套经营公司的理念和模式，中国的很多企业也在践行阿米巴经营模式，尤其以生产制造业为多。

3.2.2　合弄制

为了打造应对市场变化、充满创新活力的高效组织，曾经是软件工程师的布赖恩·罗伯逊（Brian Robertson）在 2007 年提出"合弄制"（holacracy）这一大胆的公司管理模式。作为一种全新的组织"操作系统"，合弄制彻底颠覆了传统组织的权力分配、结构设计和决策方式，取消了传统意义上的 CEO 和领导者，把管理的职责分散给不同的角色，决策由团队和每个角色做出。组织架构通过小的迭代规律性地进行更新，每个团队都进行自我管理。每位员工都需要遵守同一部清晰可见的规则。

如图 3-3 所示，合弄制的组织结构就像一个大的"圈子"（circle），大圈里又嵌套着多个子圈（sub-circle）。每一个圈子保留自治权，同时又是更大圈子的一部分，这就如同我们人体的细胞和器官一样，是一个可以自我调节的有机体，作为一个独立的整体能够协调它的各个部分，作为其中的一部分又能对上级进行控制，并且能结合当地的环境进行自我进化。圈子与圈子之间，主要依赖"连接"（link）的角色进行信息交流与双向反馈，确保互相协调，共同实现组织的整体目标。

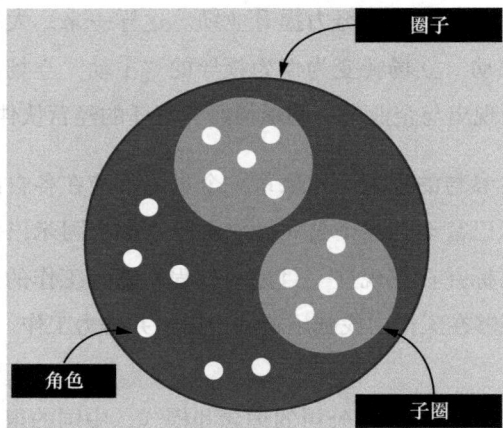

图 3-3　合弄制的组织结构

角色（role）是合弄制组织的基本单元。每个圈子都是一群角色的组合。在合弄制中，一项工作被看作一个"角色"。角色是围绕工作而不是人来定义的，并且可以经常更新。一个员工可以选择承担多个不同角色（一般为 7～8个）。布莱恩·罗伯逊说他在自己的公司里大概承担了 30 个角色。在日常工作中，不存在谁给谁下达命令，或者由领导来给你安排工作。每个人根据自己的角色决定要干什么，拥有相当大的自主权，当然也需要对自己的工作结果负责。一旦外部环境发生变化，激发了某些新的业务需求，而原有的角色又不能满足时，合弄制组织可以快速设立新的角色以应对变化，再由角色和人进行自由匹配，使组织更具弹性和灵活性。

2013 年，美国鞋类电商企业 Zappos（美捷步，当时员工 1 500 人左右）开始探索合弄制，并于 2015 年宣布正式采用合弄制，在企业内部设立了 460个圈子以及 4 700 个不同的角色，同时给予员工自主选择的权利。当时这一变革引发了高达 29% 的离职率。经过 3 年的尝试，由于企业战略决策和员工自治之间存在无法克服的困难，组织效率和决策质量也并未得到提高，CEO谢家华于 2018 年宣布放弃合弄制，但 Zappos 仍然保留了合弄制的一些特征。Twitter 创始人创办的 Medium 公司也曾试行合弄制，但由于结果不佳，已于

2016 年宣布停止尝试。近几年，中国也开始有一些创业公司尝试应用合弄制。

合弄制是一次充满勇气和想象力的探索，它为企业更敏捷地应对市场变化，充分赋能员工，提升员工使命感和发挥创造力提供了空间、土壤及可实践的方法论。与此同时，合弄制引发的组织形态剧变，以及运转中不断产生的高度不确定性，无疑给组织稳定性和员工个体能力及适应力提出了更高的要求，为落地实施带来了巨大的挑战。

3.2.3　青色组织

2014 年，比利时作家弗雷德里克·拉卢（Frederic Laloux）借鉴整合心理学的研究，结合 12 家业绩突出的欧洲企业 / 机构的调研案例，设想并描绘出一种可行的突破现有组织机构模型的全新进化型组织机构模型：青色组织（Teal）。

弗雷德里克拉卢认为，**每当面临重大挑战时，人类心智模式就会进化，并创造出一种新的合作方式和组织模式与之相适应**。回顾历史，人类意识发展经历了从魔幻到神话、理性和多元化的转变，相应地，我们的组织范式也不断升级进化：从最初崇尚武力、依靠暴力手段、强调绝对臣服的冲动型红色组织，到层级森严、划分阶级、严格遵循仪式和流程的服从型琥珀色组织，再到鼓励质疑和探索、激励创新、追求成果的成就型橙色组织，最后到寻求公平、平等、社群、合作的多元意识型绿色组织。面对 VUCA 环境及势不可挡的遍布式智慧的涌现，青色组织应运而生。

青色组织是一种革命性的新型组织范式，它将组织视为有机生命体，而非机器。青色组织的运行基于灵活的同伴关系和自我管理系统，人们追求身心完整及真实的组织使命，并能够不断自我进化，更好地适应环境。青色组织实现了以下 3 个重大突破。

- **自主管理**（self-management）。僵化的科层制管理结构被分布式权限和集体智能所取代，不再有老板和下属之分，每个人都在去中心化的开放系统中自主管理、敏捷协作；精简职能部门和管理流程；决策权分散在组织当中，根据"建议流程"进行决策和处理冲突；信息透明共享，鼓励集体智慧与参与；绩效评估和薪酬基于同业评估。3.2.2 节所介绍的合弄制就是青色组织自我管理的一种具体形式。

- **身心整合**（wholeness）。通过创造具有安全感和包容度的空间与文化，鼓励每个人卸下恐惧和伪装，坦然做自己，展现内在的完整性；团队愿意真正地聆听、关怀和支持彼此。建立安全开放的工作氛围、反思空间和社群，通过冥想、故事分享等形式，帮助同伴间加深了解、拉近距离、建立信任，同时唤醒内心与直觉，生成更多的感知力与未来的可能性。

- **持续进化的使命**（evolutionary purpose）。青色组织相信组织存在的原因是为了使命，人们因为个人使命和组织使命同频共振而聚在一起，商业与利益在这个过程中得到平衡，但不处于第一要位。公开、透明地吸引合作伙伴进行共创，而非竞争。成员们不是企图预测和控制未来，而是努力倾听和理解组织的发展方向，感知外部环境变化，并充分发挥自己独特的潜力。

在全球范围内，青色组织已不再是一种幻想，无论在商业领域还是非营利机构都涌现出一系列先锋组织及青色实践，包括美国的番茄生产和加工企业晨星（Morning Star）、荷兰最大的居家照护组织博组客（Buurtzorg，规模超过 8 000 人）、法国黄铜铸造公司 FAVI、埃及的法律援助组织 AMERA 等。近年来，在国内青色组织也开始萌芽，有越来越多的公司和机构开始尝试运用青色组织的理念和方法论重塑组织。

面对复杂和不确定的商业和社会环境，青色组织为我们提供了全新的视角和实践指南。青色组织是进化的组织范式，这也给组织一号位的意识进化和组织治理能力提出了更高的要求：能够真正识别出痛点，找到合适的试点切入，并在遇到挑战和阻力时坚持初心，以身为器，持续探索迭代，真正重塑和指引组织提升自身的调适能力，更敏捷地感知和做出相应变化，持续实现自我进化和未来的愿景使命。

3.2.4　部落制

部落制来源于瑞典的音乐流媒体公司 Spotify（声田）。Spotify 采用的组织架构如图 3-4 所示。

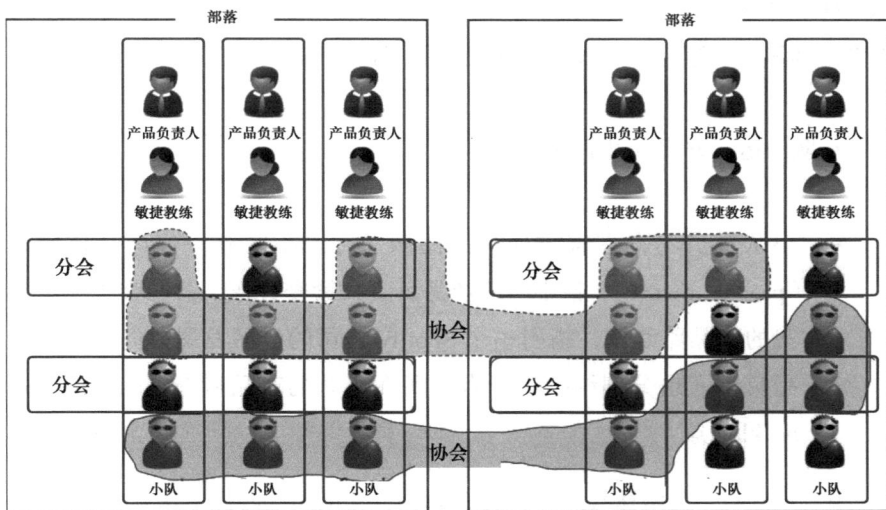

图 3-4　Spotify 的部落制组织架构

整个组织由多个称为"部落"（tribe）的单元组成，每个部落中包括多个"小队"（squad）。从横向的维度把拥有类似技能的人放在一起形成"分会"（chapter）和"协会"（guild）。详细介绍如下。

1. 部落

部落是在相关领域工作的多个小队的集合，例如音乐播放器、后台基础架构等。可以看成迷你创业小队的"孵化器"。每个部落有一名部落长，他负责为部落内的各小队提供最好的栖息地。部落规模基于"邓巴数（Dunbar number）定律"[①]确定。

2. 小队

小队类似于一个高度自治、迷你的"创业公司"，肩负一项长期的使命，长期从事产品的某一部分或某一项基础设施工作。例如，功能特性小队专注于某块功能特性，如搜索功能；客户端 APP 小队专注于使特定的客户端平台（如 iOS、Android）更容易发布；基础设施小队专注于让其他小队更有效率，提供工具和运维等支持，如持续交付工具、监控和运维。

小队的运行方式有以下特点。

● 小队成员不存在官方任命的团队领导。小队有一位产品负责人（product owner）。各小队的产品负责人紧密合作，共同维护一个宏观的产品路线图，指引整个 Spotify 公司的产品发展方向。每个产品负责人也分别维护一个自己所在小队的产品待办列表（product backlog）。

● 小队有一位敏捷教练（agile coach），帮助团队改进工作方式。

● 小队具备交付产品需要的所有知识和技能，例如设计、开发、测试、发布等。

● 小队通常少于 8 个人。

---

① 邓巴数字由英国牛津大学的人类学家罗宾·邓巴（Robin Dunbar）在 20 世纪 90 年代提出。该定律根据猿猴的智力与社交网络推断出：人类智力将允许人类拥有稳定社交网络的人数是 148 人，四舍五入大约是 150 人。

3. 分会

分会负责传播知识和开发工具，是一个虚拟的部门。分会由同一个部落里具有相同技能领域或拥有相似技能的人构成，例如市场营销师分会、业务分析师分会、前端工程师分会等。

分会有一个领导，是一个服务性的领导，类似于职能部门的经理，负责教导和指导分会成员的工作、员工发展、定薪等。但是分会的领导同时也是某个小队的成员，参与小队日常工作。

4. 协会

协会的作用是跨部落分享知识、工具、代码和实践，属于轻量级的兴趣爱好社区。协会的成员囊括整个公司的成员，聚集和分享特定领域的知识，例如领导力、Web 开发、持续交付等。

每个协会都有一个"协会协调人"，负责组织和协调协会的活动。任何人都可以随时加入或离开协会。

需要注意的是，Spotify 只是总结了自己公司的组织结构及工作方式，并没有创造通用的敏捷组织框架。部落制在 Spotify 得以产生作用的原因主要是 Spotify 公司本身有其固有的自组织和拥抱创新的基因。部落制在国内外一些企业里均有尝试应用，在金融行业的 IT 组织里多见。一些企业只是模仿了 Spotify 里的"部落""小队"的名字和划分，远不足以让组织产生像 Spotify 那样的效果。

3.3　业务敏捷的组织设计模型

前面介绍的各种创新型组织模型都有其独特性。阿米巴从企业经营的角度来设计，每个阿米巴是一个独立的经营实体，不同阿采巴之间做财务结算，旨在实现整个企业的营收最大化和成本最小化。合弄制是对未来组织的一种大胆、前卫的设计，将企业的金字塔结构彻底、完全地颠覆，连CEO对企业也没有控制权，这样理想的"乌托邦"理论在绝大多数的企业里难以落地，目前只在小范围有零星、成功的案例，有其上下文特有的成功条件。青色组织是一种未来组织的发展理念，没有成形的组织模式设计。部落制是Spotify的外部敏捷顾问对Spotify工作模式的总结，可以说是Spotify自有的设计，其成功建立在Spotify公司自身的文化基础之上。虽然很多公司也宣称在使用部落制，但是更多的是取了Spotify的"部落"和"小队"的名字和组成形式，与Spotify本身原有的部落制已经没有多少吻合。

这几种创新型组织模型也有共通性。例如，个人的价值得到绽放是青色组织和阿米巴的核心特征；小团队是阿米巴和部落制的核心特征；自组织是这些组织模型的共同特征。业务敏捷的目的是让整个组织能够快速捕捉市场机会，对外界的变化迅速做出响应。从我们辅导众多企业敏捷转型的经验来看，没有两家公司在转型过程中采用了完全一样的组织结构，每个企业都基于其战略和自身的现实进行了特有的设计。但是，万变不离其宗，我们经过对众多企业敏捷转型的经验进行总结，同时梳理并整合前述创新型组织模式后，将这些视角抽象提炼成一个完整的框架，构成了业务敏捷组织模型，如图3-5所示。

业务敏捷的组织模型包括5个部分：

- 客户和用户；

- 敏捷团队；

- 赋能平台；

- 领导者；

- 生态合作伙伴圈。

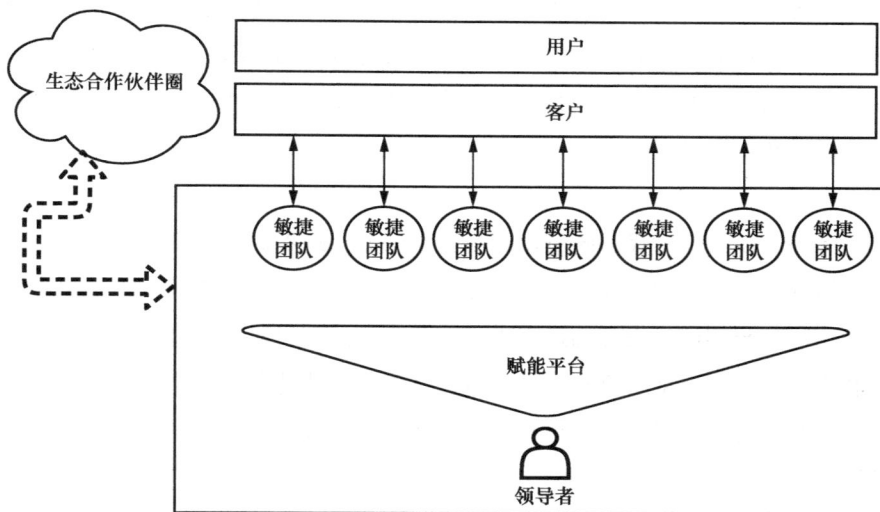

图 3-5　业务敏捷组织模型

下面依次展开介绍。

3.3.1　客户和用户

对于任何一个组织而言，其客户和用户是它们得以存在的根本意义。客户是购买产品的人，用户是使用产品的人。客户和用户可能是同一批人，也可能不是。例如儿童教育产品，客户是家长，用户是孩子；对于 To B 的产品，客户是企业，用户是采购产品的企业的内部员工。对于客户和用户不等同的产品或服务来说，组织在创设产品或服务时，既需要满足客户的要求，也需要满足用户的要求。组织在交付产品或服务后，既需要经营客户，也需要运营用户。客户和用户是组织的生命之源。

在传统的职能型组织结构中，往往只有与客户或用户直接打交道的业务部门与客户或用户深度沟通，造成需求传递链条变长，传递过程中需求产生失真；在产品发布后，客户对产品的反馈声音传递到公司内部各个环节链条变长，传递过程中又产生新的失真。因此团队对客户的需求及产品反馈的理解往往与客户的真实需求有偏差，团队针对有偏差的需求进行产品设计和实现会产生极大的浪费。因此必须由敏捷团队直接与客户或用户沟通，理解客户的场景和需求。

此外，在当今时代，同质化产品竞争激烈，跨界商业模式层出不穷，业务环境动荡，敏捷团队除了直接对接客户获取客户的一手需求，还必须让客户和用户参与到产品设计的过程中来，并在产品创设及运营过程中保持与客户和用户的深度互动。只有这样，组织才能够快速地洞察客户和用户的最新需求，并且高效地交付给客户和用户，从而能够长期保持产品或服务与客户和用户的黏度。

在用户参与产品设计和运营过程这方面，小米做得很好。小米最先开始做 MIUI 时团队只有 20 多人。但是小米联合创始人黎万强却有一个疯狂的想法：建立一个 10 万人的互联网开发团队。这听上去简直离谱，就算是世界上员工数最多的公司，开发人员也不太可能达到 10 万人。为此，小米设计了"橙色星期五"的互联网开发模式，要求 MIUI 团队每天抽空在论坛上与用户互动，收集用户对系统和功能的建议、吐槽，然后在每周五下午，进行新一版的 MIUI 系统更新。用户在整个系统迭代的过程中，除了工程代码的编写，其他的（如产品需求设计、发布、测试等）都是深度参与的。在这种群策群力的氛围下，小米把这些消费者成功转化成了生产者，MIUI 真的以论坛为根据地建立了 10 万人的开发团队模型，其核心是官方的 100 多个研发工程师，核心的边缘是 MIUI 论坛的 1000 个荣誉内测组成员，而外围则是 10 万个 MIUI 论坛的活跃用户。

3.3.2　敏捷团队

敏捷团队是敏捷型组织里最基本的构成单元，就像器官是人的基本构成单元一样。每一个器官都有其独立存在的意义，但是所有器官都是一个人的组成部分，缺一不可。对于一个组织而言，每一个敏捷团队都有其各自的作用，同时所有的敏捷团队共同肩负着组织的使命。

为了让整个敏捷团队释放出最大的潜能，敏捷团队的结构需要遵循以下3 个原则。

原则 1：团队小而且相对独立。

团队小，指的是每个团队的规模遵循"两个披萨"的原则。"两个披萨"的原则最早是由亚马逊 CEO 贝索斯（Bezos）提出的，他认为如果两个披萨不足以喂饱一个项目团队，那么这个团队可能就显得太大。"两个披萨"的原则落实到具体人数上，是 6 ～ 10 人的规模。"两个披萨"的原则与敏捷方法之一——Scrum 框架所要求的团队规模在 5 ～ 9 人的意义相同。

这个原则背后的道理是，人数过多将不利于决策高效达成，而小团队容易产生共识，并能够有效地促进组织内部的创新。此外，如果人数过多，沟通和管理的成本迅速提高，会导致团队内部的信息不对称。

团队要相对独立，指的是各个团队的设计要尽量减少彼此之间的耦合度。比如，对于一个 IT 团队来说，每次上线一个版本需要两个团队的代码互相集成，或者 A 团队依赖 B 团队提供的组件，而 B 团队又依赖 C 团队提供的组件，这样会极大地削弱交付效率。但是团队之间的独立不是绝对的，因为对于复杂的业务、大型的产品或解决方案，组织往往需要多个团队互相合作，比如，跨团队共同交付一个解决方案，或者共同合作一系列营销活动。因此，各个敏捷团队保持相对独立，但不是单打独斗，而是在需要时相互配合，协同作战。

原则 2：围绕业务组建敏捷团队，在绝大多数情况下，敏捷团队要覆盖产品价值链各个环节的职能。

这个原则在前面的章节反复提到过。只有将价值链的全部职能纳入团队中，才能够以最高的效率响应市场和用户的需求。将全部职能纳入团队后，鼓励团队的每个人参与彼此的工作，让不同的角色对彼此更加具有同理心。比如，让处于价值链下游环节的开发人员、测试人员也参与用户调研，这样他们能够更加理解业务需求，听到客户对产品不满意的声音，理解客户的场景，从而使设计的解决方案更加贴近客户的实际场景，业务人员的压力也可得到有效的分担；处于价值链上游的业务人员和产品经理，在产品开发的过程中，跟设计师、开发团队一起探讨设计方案，而不是提了需求后就直接扔给设计师和工程师交付；在产品交付前，业务人员对产品进行验收和体验，避免产品在发布到用户手中后发生与用户需求不符合的现象。

如果某个产品、解决方案或服务的规模比较大，很可能会出现敏捷团队的人数多于 10 人的情况，此时组织需要考虑对业务做进一步拆分，比如，将一个业务拆分为多个子业务、一个产品拆分为多个子产品、一个服务拆分为多个子服务，否则会由于团队人数多而导致协作效率低下。

原则 3：团队具备自主决定权，并独立承担责任。

在传统的职能型组织中，内部信息流转节点多，信息经过多个部门的处理后才传递到决策层。信息的处理、论证及决策链条过程很长，导致整体决策效率低下。此外，由于价值链跨越了多个部门，因此经常需要集中到业务的最高领导才能做出决策。当敏捷团队覆盖了价值链的全部职能后，企业需要对敏捷团队下放权利，让团队能够独立行使从客户洞察、产品或服务设计、产品或服务交付、价值验证直至客户运营的整个过程的自主权。

很多企业在组织重组建立敏捷团队后，管理层仍旧不习惯将权力下放给团队，团队对创新方向的探索和设计的产品方案仍旧需要经过管理层的层层审批，导致很多创新方向刚刚萌芽，还没来得深入用户验证，就被管理层扼杀在摇篮里。久而久之，团队开展用户调研和创新探索的热情大受打击，因为团队的感受是一切照旧。在很多人的理解中，亚马逊的"两个披萨"团队讲的只是规模小，其实除了规模小，更重要的是团队的高度自治，这种高度自治的团队模式让亚马逊在保持高速增长的同时保持了组织的敏捷性和持续创新。当然，所谓权力下放不是下放所有的权利，对于业务的战略发展、业务愿景、重大技术路线等宏观长远的方向性话题，还是需要集中式决策，因为业务的战略不能脱离组织的整体战略和愿景。

需要注意的是，权利与责任是并重的。敏捷团队被下放了多少权利，就承担多大责任。管理层与团队需要共同设定业绩目标，团队有权利设计达成目标的路线图，团队的所有成员对业绩目标共同承担责任。责任和权利并重的团队就像一个小型创业公司，每个人都感觉到自己对业务的成功起着重要的作用，对工作的热情更高，责任心更重。敏捷团队的负责人相当于创业团队的 CEO，把团队交付的产品或服务当作自己的创业项目认真对待。因此，在这样的团队里，员工对企业的敬业度和忠诚度更高。

3.3.3　赋能平台

尽管敏捷团队覆盖了产品价值链的各个环节，但并不意味着敏捷团队开展工作完全靠自己。在整个组织范围内需要建设公共的平台，为各个敏捷团队所需的共同资源赋能。赋能的范围包括但不限于公共的组件、服务、数据、工具、信息、能力等，从而各个敏捷团队不需要耗费资源重复建设和维护。映射到真实的组织里，赋能平台可能会包括以下类型。

- 每个企业都存在为所有业务单元提供公共服务的职能部门，如 HR、财务、法务、行政、采购、合规部门等。这些部门为整个企业服务，因此不需要也不应该划分到各个敏捷团队中。

- 为一个业务单元提供业务支撑的服务部门，如售后技术支持、物流、安全审核等。这些部门服务的范围是整个业务单元，不需要划分到各个敏捷团队中。每个敏捷团队都可以利用这些业务服务部门提供的服务，不需要自己招聘客服人员、建设物流体系等。这些业务服务部门为敏捷团队所召唤，提供敏捷团队所要求的客户服务。

- 为各个敏捷团队提供公共工具、设备、数据、信息的部门，如研发工具平台、测试设备、大数据平台、实践经验库、市场分析研究、云存储设施、To B 业务的客户管理系统等。公共内容是各个敏捷团队开展工作必不可少的部分，如果没有公共部门提供这些公共内容，那么它们将分散在组织的各个角落里，造成无数个"信息孤岛"。每个敏捷团队就会像井底之蛙，只看到一小片天空，看不到天空的全貌，导致开展工作都需要重复造轮子，不仅对整个组织来说浪费巨大，各个敏捷团队也无法将有限的资源和精力聚焦在日常业务上。

采用敏捷团队＋赋能平台这样的组织设计模型，能够将职能型组织重构为小的、独立的、对产品价值链端到端负责的敏捷团队，敏捷团队直接面向客户，可满足组织快速响应业务变化、灵活创新、快速交付的要求。同时，赋能平台为敏捷团队长期服务，既满足了组织复用公共资源，又避免了各自为政、重复建设而产生的效率低下和浪费，从而提升了整个组织的运营效率。因此，业务敏捷组织模型既满足组织对外界的适应性要求，也满足组织追求效率的要求。

3.3.4   领导者

领导者需要对敏捷团队高度授权，支撑敏捷团队充分释放潜能，实现组织的共同目标。为了实现这一目的，只做到授权还远远不够，领导者需要在以下角色方面投入大量的时间和精力。

- 愿景架构师。领导者能够预测和设想未来，凭借对市场趋势的深刻理解，特别是在技术和客户未被解决的痛点方面，创造全新的市场机遇、产品或服务，并能够展望业务的发展愿景。

● 组织结构的设计师。领导者能够设计以客户为中心的敏捷型组织，构建高度自治的敏捷团队，建设公共赋能平台，让各个团队借助公共赋能平台的资源互通互联。领导者需要领导各个敏捷团队在保持高度自治的同时，共识共同的使命、愿景和价值观，并凝聚各个敏捷团队，为了共同的目标而努力。

● 组织文化的塑造者。领导者需要在整个组织中创造鼓励发现、实验和学习的心态和文化，并在日常行为中亲力亲为地参与组织文化的塑造，而不是将文化塑造的责任简单地分配给人力资源部门。另外，领导者需要通过设计一系列措施将组织文化落地执行，而不只是将文化停留于贴在墙上的口号。

● 组织改善的催化者。领导者帮助人们将他们正在做的工作任务与组织的愿景和目标联系起来，帮助敏捷团队消除妨碍实现目标的障碍，并鼓励创造一个包容和开明的环境，让人们能够将真实的自我带到工作中，以充满活力和可持续的节奏工作，实现个人和职业发展的抱负。

● 教练型领导者。领导者需要理解授权是有限度的，授权意味着团队突破能力圈，从前只需要高级别领导者或特定职能角色人员具备的技能，比如强大的商业敏锐度、战略思维、市场洞察能力等，现在团队也需要具备。若团队在不具备相应技能的情况下被授权，会给整个组织带来重大风险。因此，领导者需要权衡敏捷团队当下的能力来判断授权的范围。另外，领导者需要致力于个人和团队的技能发展，并为团队树立榜样，鼓励各种正式和非正式的能力建设计划和举措。在领导风格上，领导者需要通过询问和倾听，采用一定的教练式领导风格，而不是以纯粹的命令和控制方式来领导团队。

第 4 章将详细介绍领导者如何自我转型、赋能团队及培育组织的敏捷文化。

3.3.5　生态合作伙伴圈

生态合作伙伴圈是一个自然演进的过程。企业在初创期，由于还未形成规模，且急需利润的增长，将不自觉地陷入竞争，而且这种竞争的意识形态会持续很长时间。随着快速发展和规模日益扩大，企业逐渐意识到，要想获得更大的发展需要共赢，自然开始发展盟友和合作者。随着数字化和人工智能技术的蓬勃发展，企业之间、企业与用户之间的连接需求比以往任何时代都更加强劲，各个行业的特征和边界也变得越来越模糊。

华为有句口号："不在非战略机会点上消耗战略性资源。"企业不能也不应该什么都去投入、什么都形成核心竞争力。生态合作伙伴圈一般由企业内专有部门来经营，为各敏捷团队补充与价值链相关环节的能力，从而使各个敏捷团队可以聚焦其自身战略和长项，而敏捷团队的短板和不足，则可以借助生态合作伙伴圈为客户提供的产品、服务或解决方案来弥补，敏捷团队自身也作为生态合作伙伴圈的一部分促进整个生态的共荣。

3.3.6　保持组织的敏捷雏形

组织结构的设计一定要服务于公司的战略。当战略发生变化时，企业自然需要相应的组织结构来支撑战略的实施；此外，即使在战略不变的情况下，组织结构也不是一成不变的，而是需要根据业务的发展动态调整。大多数企业在创业初期，都具备高适应力的敏捷型组织，但是随着业务的发展，员工的人数越来越多，专业化分工也越来越细致，新增的职能部门、职能组织越来越多，组织结构越来越臃肿，如果不小心地保持组织结构的敏捷雏形，往往会演进成纯粹的职能型组织。

组织因此在发展的过程中，需要根据业务的发展，小心地呵护业务敏捷的组织雏形，避免进入纯职能型组织结构：一方面，每个新增的敏捷团队都应坚持 3.3.2 节所述的 3 个原则；另一方面，持续增强建设公共赋能平台，才能在业务迅速发展和组织规模迅速扩张的情况下，使组织始终保持对外界的高响应力。

基于业务敏捷的组织模型，各个企业可以根据自己的环境和需求，设计适合自己的组织结构，只要遵循了这个模型，组成的新部门叫"部落"也好，叫其他名字也罢，并不是核心问题。

3.4 向敏捷型组织演进的路径

越来越多的职能型组织认识到了现有组织结构低效、对外界变化响应迟钝及遏制创新的种种弊端，希望能够重组，向敏捷型组织转型。但是，打破现有的组织结构并非易事。本章介绍传统的职能型组织向敏捷型组织升级的路径。

3.4.1 敏捷团队的组建方式

职能型组织组建为敏捷团队的方式有两种。一种是颠覆重组，即颠覆现有的职能部门，按照敏捷团队划分业务单元，各个实体的敏捷团队负责业务目标端到端的实施（见图 3-6）。

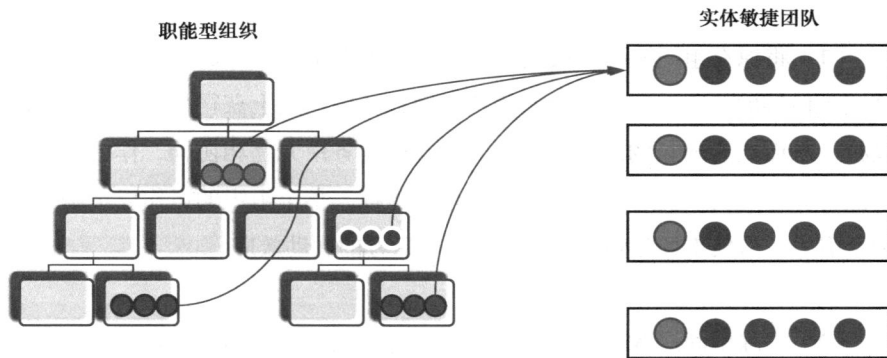

图 3-6 颠覆重组方式

另一种是创新孵化型，公司对整体组织结构不做调整，而是决策投资一些创新项目，从各个职能部门抽调人员组建虚拟敏捷团队。项目中途取消或者正常结束后，项目成员回归到原职能部门（见图 3-7）。

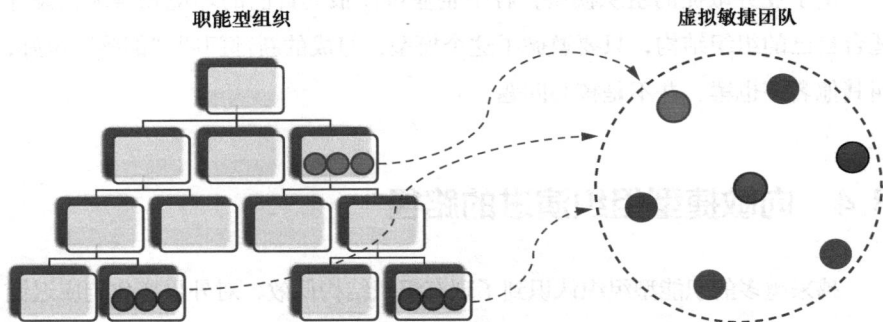

图 3-7　虚拟敏捷团队

3.4.2　颠覆重组

企业要及时感知、洞察市场的变化，迅速行动，就必须在组织结构上将重心下移，将权、责、利向一线业务单元倾斜，让驱动企业发展的发动机从领导者和总部变为一线各个业务单元。这需要从 3 个方面开展。

（1）将原有组织进一步裂变、整合。将大型组织拆分成能够覆盖客户端到端价值链的业务单元，每个业务单元都在一定程度上获得独立发展业务的授权，从而成为增长的永动机。同时，这些业务单元互相协同，作为一个个节点再黏合成网状。有企业的资源平台做支撑，整个组织的运作以市场需求为牵引力，形成市场呼唤一线、一线呼唤后方的联动效应。

（2）去除中间层级，缩短市场的反馈链和执行链。加强执行力，防止决策信息在层层下达中衰减。

（3）授权一线业务单元更大的权力。因为一线是最贴近市场，也往往是最能产生增长活力的地方。企业总部需要推进各个业务单元的知识用于经营共享，打造统一的资源平台等。对于前线的业务单元而言，总部就是服务平台。

　　某金融企业在数字化战略转型的背景下，首先，从零售业务条线开始对组织结构进行了重组（见图 3-8），成立了 3 个一线业务单元，它们均是面向客户的客群经营单元——惠农业务经营单元、大众客群经营单元、私行客群经营单元。其中，大众客群经营单元专注于开拓新客户，并服务好在本行存款量低于百万元的客户，以实现中低端客户的留存和增长；私行客群经营单元专注于发展本行客户成为私行客户，并服务好现有的私行客户以实现高端客户留存和增长；惠农业务经营单元专注于经营发展乡、村、镇的客户。这 3 个经营单元共同的职责有：设计客群营销活动，协助分、支行开展营销活动；改善客户旅程，以增加所有渠道的客户流量；提升客户在本金融机构的价值，创设客群专属的产品和服务等。

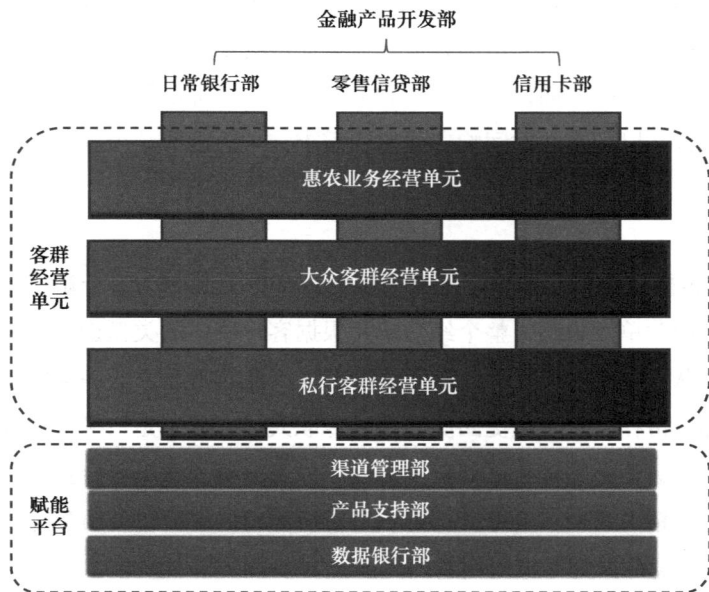

图 3-8　颠覆重组的敏捷组织设计案例

其次，构建了 3 个纵向的金融产品开发部——日常银行部、零售信贷部、信用卡部。它们负责产品大类的总体业务开发和设计产品战略、开发并优化公共产品、确定产品的价值主张者、对 3 个前台经营单元提供销售支持（产品手册、产品信息、套餐和条款条件等）。

再次，构建了横向的赋能平台——渠道管理部、产品支持部、数据银行部。它们端到端地负责渠道、产品、大数据相关系统的公共部分的开发、更新和维护；为客群经营单元提供支持，如提供开发工具、交付标准、公共平台和大数据洞见等。

在开展业务的过程中，一方面，横向的客群经营单元、纵向的金融产品开发部，以及赋能平台各有分工又密切配合。客群经营单元深入客户捕捉市场机会，诞生金融创新产品或营销活动的创意，利用本单元内部自身的业务和技术部门人力资源构建 MVP，经客户验证创意通过后，向金融产品开发部提交正式的产品需求，在此过程中，借助赋能平台提供的大数据分析进行产品决策。在产品发布后，借助渠道管理部提供的渠道资源将产品通过各个渠道推广出去。另一方面，赋能平台和金融产品开发部以服务于 3 个客群经营单元为宗旨，以最短的时间响应他们的需求，从而达成整个零售条线的业务目标。

3 个客群经营单元和金融产品开发部内部，又划分为多个敏捷团队。以大众客群经营单元为例，整个经营单元根据客户群体的类型进一步划分为多个敏捷团队，如图 3-9 所示，每个敏捷团队负责其所经营的一类客群的业绩增长和客户留存。每个敏捷团队有两种专职人员，分别是市场营销师和业务分析师。市场营销师负责策划营销活动，以及分析大数据平台提供的运营数据以辅助其精准营销；业务分析师负责对所经营的客群进行市场分析、行业动态观察、竞品研究并策划创新产品。

　　每个敏捷团队有两种兼职共享人员，分别是设计师和 IT 工程师，他们服务于本经营单元的所有敏捷团队。当敏捷团队的创新产品、营销方案需要 UI/UE 设计的时候，由设计师来制作；当敏捷团队创设的新产品需要 IT 开发的时候，或者营销活动需要数据埋点、小程序等技术开发的时候，由 IT 工程师来开发。理想的情况下，每个敏捷团队都配有专职的设计师和 IT 工程师，但是，现实中往往不是所有的团队在所有的时候都有设计或技术开发工作，因此在整个经营单元范围内共享这两种职能足以满足需要。

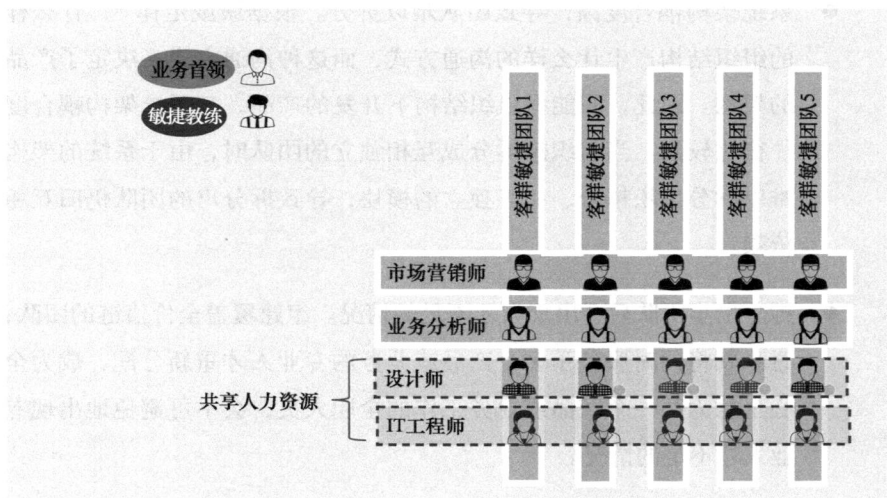

图 3-9　大众客群经营单元内的敏捷团队

　　此外，每个经营单元任命一位业务首领，负责整个经营单元的愿景制定，带领各敏捷团队达成业务目标。每个经营单元有一位或多位（取决于经营单元的大小）专职的敏捷教练，以培育整个经营单元的敏捷思维和敏捷工作方式。

　　其他两个客群经营单元和金融产品开发部以类似的方式组建，只是敏捷团队职能人员不完全相同，但是其构成原则都符合 3.3.2 节的原则。

3.4.3 创新孵化型

颠覆现有组织结构对企业来说无异于做大手术，需要高层领导者具备强大的勇气和决心，在现实中也会面临以下困难。

● 对变革的抵制。各个职能型部门的主管忧心忡忡，害怕自己的职位不保，对重组产生心理抵制，因而在行动上不予配合。

● 系统架构耦合度高，导致团队难以拆分。根据康威定律[①]，什么样的组织结构产生什么样的沟通方式，而这种沟通方式又决定了产品的架构。因此，职能型组织结构下开发的产品，其系统架构耦合度往往比较高。当组织想拆分成互相独立的团队时，由于系统的架构难以拆分出松耦合、相互独立的模块，导致拆分出的团队仍旧互相依赖。

● 拆分出小团队后会出现人才不足的情况。组建覆盖全价值链的团队，意味着将同时服务于多个产品或业务的专业人才重新分配，成为全心全意为某一个产品或业务工作的全职人员，会不可避免地出现专业人才不足的情况。

此外，很多业务在探索初期的前途并不明朗，企业无法判断是否值得长期投资，在此情况下过早地调整组织结构、成立固定的敏捷团队反而是一种浪费。在无法进行大规模的组织改造，或业务模式较新的情况下，可以建立创新孵化机制，企业内部成立投资决策委员会，定期对代表公司战略方向的创新孵化项目进行投资决策。创新孵化项目可以来自任何部门、任何人的提议。投资决策委员会决定投资创新孵化项目后，从各个职能部门抽调人员组建敏捷团队来运作项目，如图 3-10 所示，根据项目的需要，敏捷团队的成

---

① 康威定律是马尔文·康威于 1967 提出的。他说："设计系统的架构受制于产生这些设计的组织的沟通结构"。通俗来讲，产品必然是其（人员）组织沟通结构的缩影。

员可能来自业务部门的前台和中后台各相关部门。同时，对于占公司主体的成熟业务，公司仍旧保留传统的面向客户的前台和提供支撑的中后台职能部门，其组织架构、运营方式和组织管理方式保持不变。

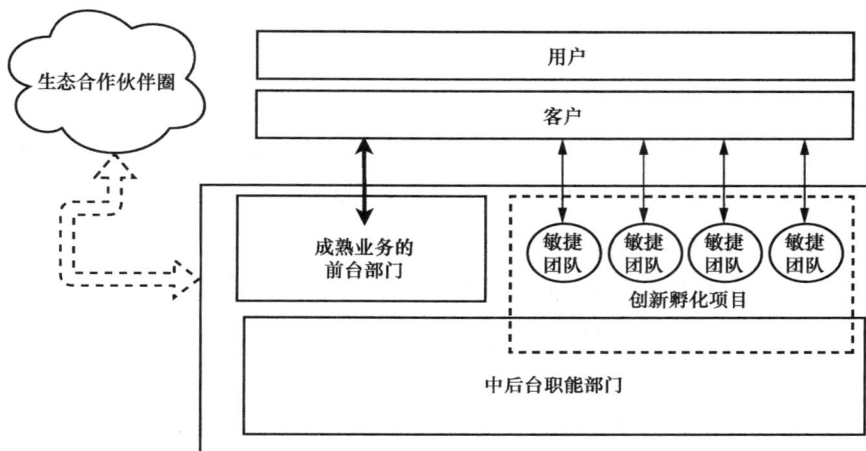

图 3-10　职能型组织里的创新孵化项目

国外某个具有百年历史的汽车企业下属金融子公司面对互联网汽车交易平台的冲击以及中国市场同行竞争的压力，成立了创新项目委员会，由 CEO 亲自带领。该创新项目委员会按月度对创新项目提案进行评议，挑选符合公司在中国市场发展战略的创新项目。在一年时间内，该公司评议了上百个创新项目，审批投资 10 个创新项目，其中 2 个项目最终发展为公司的重点业务，3 个项目发展为常规业务流程优化项目或数字化建设项目，其他 5 个项目中途未通过 MVP 验证（进行了转型或中途取消）。在创新孵化项目成立之初，敏捷团队成员不都是全职在该项目中工作，只有核心骨干全职工作，其他成员部分时间投入创新项目，所有成员仍旧归属于其所属的职能部门。当创新项目经过 MVP 阶段后达到了产品与市场适配（6.3 节详述），证实该创新方向值得长期投资时，投资委员会再决定将敏捷团队成员固定，长期为新业务服务。若创新孵化项目在概念阶段或 MVP 阶段验证失败，投资委员会需要做出决策——是转变创新方向还是放弃继续投资。若投资委员会决定不再继续投资，则该敏捷团队解散，每个团队成员回到各自原有的职能部门；若投资委员会决定转变创新方向，则根据新的方向重新审视团队成员需要从哪些职能部门抽调。

公司对于每个创新孵化项目均采取此机制，因此，在此模式下，支撑公司传统成熟业务的前台部门、中后台职能部门和支撑创新业务的敏捷团队并存。这种组织方式能够让企业快速抓住市场机会、灵活响应，同时又不会使企业内部由于组织结构大面积调整而伤筋动骨，也不会产生将专职人力资源集中在一个敏捷团队或业务单元中所带来的潜在浪费。从该企业运行的实际效果来看，从职能部门进入敏捷团队的成员都热爱团队的工作内容，因为敏捷团队拓宽了其在原有职能部门的技能范围。

还有很多企业虽然没有建立创新项目委员会及创新项目评议决策的流程，但是为了拥抱市场创新机会并优化公司内部，针对那些跨多个职能部门的项目也组建了敏捷团队，从不同职能部门抽调人员，树立共同的项目目标，在流程上采用第 7 章介绍的迭代式交付与运营方法执行项目，从而实现了打破各职能部门的壁垒，加速跨部门的协同效率的目的。这种以跨部门项目为单位组建的敏捷团队，在本书也归类为创新孵化型。第 2 章介绍的 B 公司的敏捷组织就属于此类型。

3.4.4　技术与业务协同的阵型

随着数字化转型的深入，越来越多的传统企业成立了数字科技部门或数字化中心，承担全公司数字化系统的建设，包括 HR、财务、工厂生产、销售、采购、公司电商平台等，但是数字科技部门与需求的提出部门（即各个业务部门）矛盾不断。比如，业务方经常抱怨数字科技部门效率低、产品质量差；数字科技部门抱怨业务方需求不清晰、变化多，没有价值排序等。虽然公司希望转型为敏捷型组织让业务与数字科技人员密切协同，但是并不可行，原因有两方面：一方面，众多业务部门在数字科技部门之外，甚至在有些大型集团公司里，众多的业务部门与数字科技部门隶属于不同的子公司；另一方面，与数字科技部门对接需求的业务人员只占整个业务部门的一小部分，对业务部门来说，建设数字化系统以满足业务需求只是其部门的一小部分工作（见图3-11）。

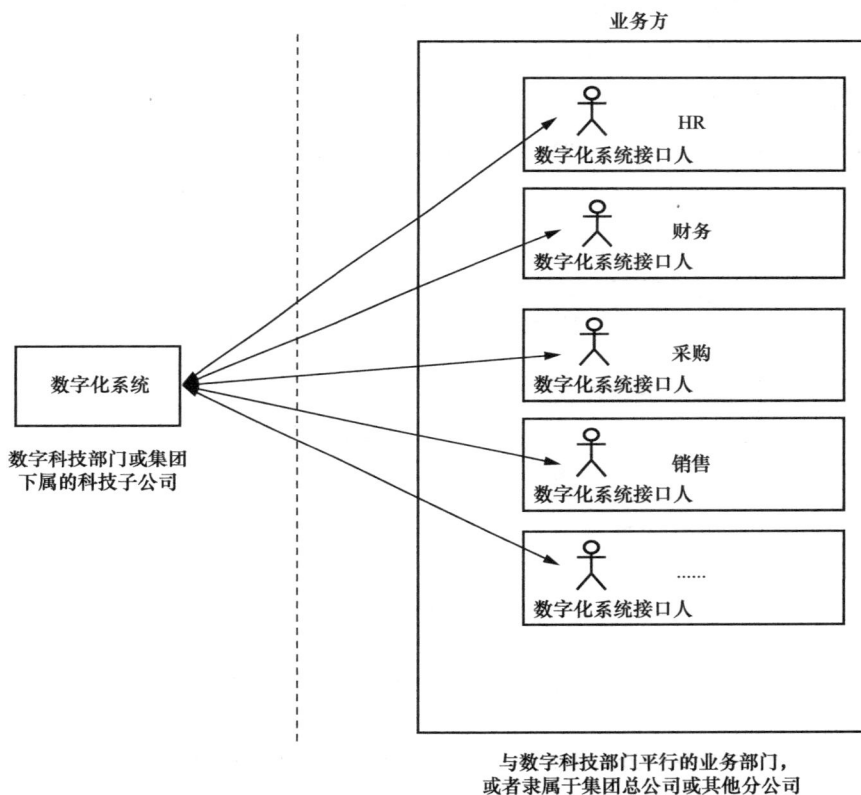

图 3-11　常见的数字科技部与业务部门的关系

对于这种情况，可以尝试将业务方的数字化系统接口人与数字科技部门的敏捷团队融合。具体来说有以下两种融合阵型。

1. 融合阵型 1：联合办公，业务方融入数字科技部门的敏捷流程

业务方融入数字科技部门的敏捷流程其阵型如图3-12所示。业务方与数

字科技部门的产品负责人密切协同，联合办公。方式有两种：一种是业务方将本部门对接数字化系统的业务人员派驻到数字科技部门，每周以一定的频次与数字科技部门的敏捷团队一起办公，不仅便于业务人员更清晰地了解数字化系统的交付进展，也便于业务人员向数字科技部门的敏捷团队传授业务知识，确保团队理解业务场景和客户需求；另一种是数字科技部门派驻产品负责人到业务部门，每周以一定的频次与业务人员一起办公，并与业务人员一起参加客户调研和市场研究，从而增进产品负责人对业务知识和客户场景的理解，以便产品负责人向科技人员传递正确的需求。

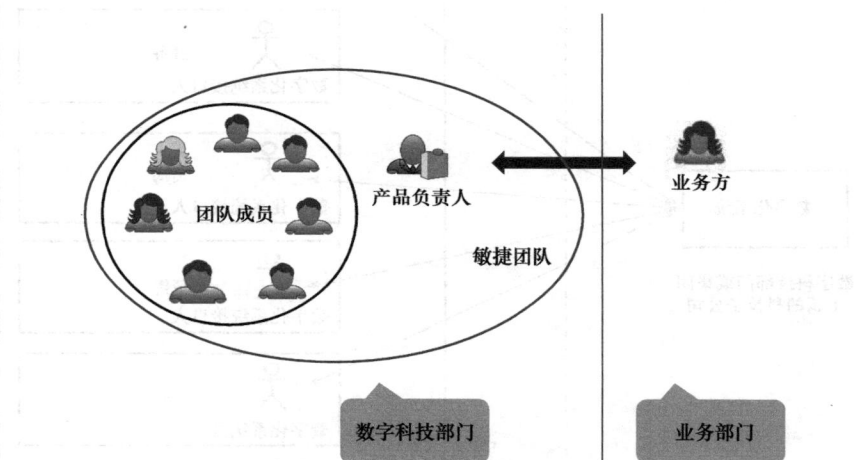

图 3-12　业务方融入数字科技部门的敏捷流程

不论是哪种联合办公的方式，双方合作的敏捷流程如下。

● 数字科技部门的产品负责人全权负责与业务方协作，将业务需求和客户需求转化为产品的解决方案。

● 业务方按照数字科技部门的敏捷迭代周期提供需求输入。比如，若敏捷团队的迭代周期为双周，则业务方以双周为周期准备好需求输入，尽量避免在迭代过程中插入新需求或变更需求。

● 业务方按照数字科技部门的数字化产品上线周期开展用户验收测试。比如，若敏捷团队的产品增量上线周期为每周，则业务方在上线前验收产品增量，批准发布。

2. 融合阵型 2：调整团队结构，将业务人员与数字科技人员组成一个敏捷团队

调整团队结构有两种方式。一种是业务部门派驻业务人员到数字科技部门，与数字科技人员一起构成完整的敏捷团队，业务人员作为敏捷团队的产品负责人，对数字化系统有产品决策权，并能够对敏捷团队交付的产品增量进行日常验收，如图 3-13 所示。

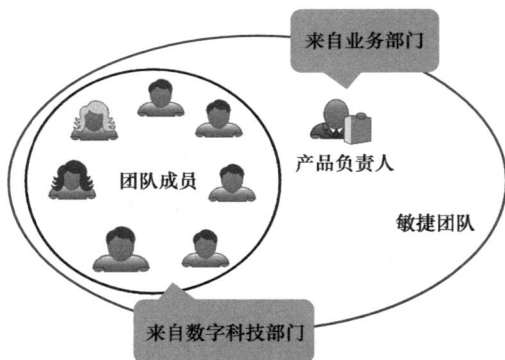

图 3-13 业务部门派驻产品负责人到数字科技部门

另一种是数字科技部门派驻工程师到业务部门，作为业务部门敏捷团队的一部分，如图 3-14 所示，数字化系统的交付作为业务团队管理的一项工作，归敏捷团队统一管理。3.4.2 节中的大众客群经营单元就是这种场景。

不论是哪种融合阵型，都是在无法改变业务部门和数字科技部门分割为两个部门甚至是两家子公司的现实下，努力将双方凝聚在一起，形成一个敏捷团队，实现快速响应业务机会、快速交付价值的目的。

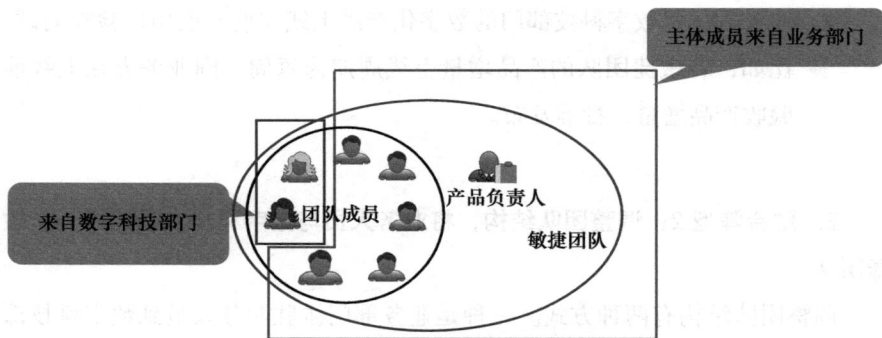

图 3-14　数字科技部门派驻工程师到业务部门

3.5　小结

传统的职能型组织诞生于工业时代。在商业环境确定的情况下，以追求执行效率为最高目标，职能型组织结构正好符合这一目标。但是在当今的数智时代，高度不确定的商业环境成为每个企业面临的常态，单纯的职能型组织无法满足组织对市场的迅速响应。

业界已经诞生了多种敏捷型组织形态。作者在前人研究的基础上，提出了业务敏捷组织的设计模型，使组织具备更高的适应力。

然而，对于企业来说，打破现有的职能型组织结构并非易事，需要知道如何从传统的职能型组织向敏捷型组织演进，本章提供了演进路径供组织参考。

第4章

敏捷领导力进化

领导者是变革取得成功的关键。只有领导者具备了新的思维模式和能力，才可能催化他人改变。在数智时代，要领导组织和各个团队向业务敏捷转型，高层、中层和基层领导都需要全新的思维方式和领导力，在成功实现自我转型的同时，带领团队和组织转型。

敏捷领导力是指领导者影响人们践行敏捷的原则、价值观，充分发展他人的潜力以实现组织的共同目标，使组织和团队在复杂、动态的环境中具备强大的适应力的能力。本章将详细介绍领导层如何成为新型的敏捷领导者。

4.1 自我转型

培养全新的领导力要从打造全新的自我入手。要成功实现组织转型，领导者必须先自我转型，首先要改变思维模式。优秀的领导者会自觉检查并内观自己的思维模式，一个人的关注点和思维模式反映了他是怎样的领导者。在数智时代，领导者需要在以下方面转变思维：从固定型思维到成长型思维；从指挥型领导到教练型领导；从关注资源效率到关注价值流动效率。下面详细介绍。

4.1.1　从固定型思维到成长型思维

　　心理学教授卡罗尔·德韦克（Carol Dweck）提出，每个人都有两种思维模式：一种是固定型思维模式，另一种是成长型思维模式。两种思维模式的根本区别是，固定型思维模式的人认为智力是固定不变的，因此会产生一种让自己表现得聪明的欲望，而成长型思维模式的人认为智力是可以提高的，因此会产生不断学习的欲望。思维模式的不同会带来以下方面的不同表现（见图 4-1）。

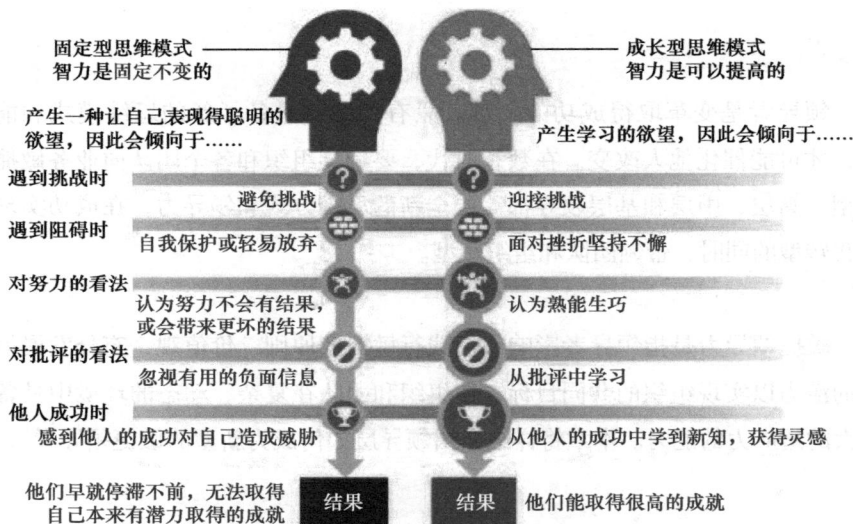

固定型思维模式 ————　智力是固定不变的　　　　　　　　　　　　　　　　—————— 成长型思维模式　智力是可以提高的

产生一种让自己表现得聪明的欲望，因此会倾向于……　　　　　　　　　　　　　产生学习的欲望，因此会倾向于……

	固定型思维	成长型思维
遇到挑战时	避免挑战	迎接挑战
遇到阻碍时	自我保护或轻易放弃	面对挫折坚持不懈
对努力的看法	认为努力不会有结果，或会带来更坏的结果	认为熟能生巧
对批评的看法	忽视有用的负面信息	从批评中学习
他人成功时	感到他人的成功对自己造成威胁	从他人的成功中学到新知，获得灵感

他们早就停滞不前，无法取得　结果　　结果　他们能取得很高的成就
自己本来有潜力取得的成就

图 4-1　固定型思维模式与成长型思维模式[①]

- 在遇到挑战时，固定型思维模式的人直觉反应经常是避免挑战，保持在舒适区内；而成长型思维模式的人直觉反应往往是勇敢地走出舒适区，直面挑战。

- 在遇到阻碍时，固定型思维模式的人往往习惯于自我保护，消极对待，

---

① 引自卡罗尔·德韦克的《终身成长：重新定义成功的思维模式》，江西人民出版社于 2017 年 11 月出版。

认为很难解除阻碍，即使尝试解除阻碍，也不会坚持到底，容易半途而废；而成长型思维模式的人会坚持不懈地努力，直到阻碍解除。

- 两种思维模式的人对努力的看法不同。固定型思维模式的人认为努力不会有结果，或会带来更坏的结果；而成长型思维模式的人认为熟能生巧，只要努力就会有进步，最终能够获得成功。

- 两种思维模式的人对批评的看法不同。固定型思维模式的人会忽视批评的声音中那些有用的负面信息；而成长型思维模式的人会客观地对待批评的声音，听取那些对自己有用的负面信息，作为自己改进的输入。

- 当他人取得成功时，固定型思维模式的人感到他人的成功给自己带来威胁；而成长型思维模式的人往往从他人的成功中获得新知、得到灵感，促使自己提升。

- 从结果来看，固定型思维模式的人本来可以取得更大的成就，但是受自己思维模式的影响，不能充分发掘潜力，导致停滞不前；而成长型思维模式的人，由于潜力得以充分发掘，并且对未来的可能性也持开放和拥抱的态度，因而相对于固定型思维模式的人能取得更高的成就。

卓越的领导者大都具备一定的成长型思维模式。同时，卡罗尔·德韦克也提到，我们每个人都同时拥有两种思维模式，有时候处于一种思维模式下，而另外一些时候则处于另一种思维模式下。在数智时代，市场环境瞬息万变，而组织也需要具备强大的适应力，不断调整自身来应对外界的变化，因此需要领导者自己在面临动态的内外环境时具备成长型思维模式，在心态上能够随时接纳外界的新理念、新方法，并且勇于尝试新技术和商业模式，遇到困难会努力求解，不怕听到批评的声音，不怕失败和错误，敢于迎接组织变革，并且言传身教，影响自己的团队在动态的环境下培养成长型的思维习惯。

　　如果领导者在动态的内外环境中持有固定型思维模式，就会难以拥抱新的理念和方法，对于新技术、新商业模式的第一反应是怀疑和抗拒，担心犯错，恐惧失败，害怕听到别人的批评，躲避困难，在面对组织变革时心里产生抵触情绪。他们同样也会言传身教，影响自己的团队思维固化，不敢创新，久而久之，团队也逐渐形成和他们类似的固定型思维模式。成长型思维模式是一切改变的前提。如果领导者是固定型思维模式，那么一切改变都将是非常困难的。因此，领导者具备成长型思维模式必不可少。

　　此外，领导者不仅自己需要具备成长型思维模式，还需要带领团队形成成长型思维模式。然而，人的改变是困难的。一个人的思维模式从小时候就开始形成，并长期受所接受的教育及所从事的职业的影响。因此，一个人从墨守成规到主动拥抱变化，在面临动态的环境时具备成长型思维模式是一个很大的挑战，领导者需要带领团队成员刻意练习，引导他们看到自己的思维模式，并不断鼓励他们向成长型思维模式转变。

　　微软 CEO 萨提亚·纳德拉（Satya Nadella）2014 年在微软的危机时期上任。当时微软已经陷入很深的固定型思维模式中。

　　微软在 PC 时代是个人计算机领域的王者，却又因为 PC 时代的成功而故步自封，只固守 Windows 操作系统，错失了移动互联网时代的很多商机，渐渐在很多方面落后于苹果、谷歌、亚马逊、Facebook（现 Meta）等竞争对手，开始走下坡路，增长乏力。主要表现在以下两方面。

- 内部过度竞争。高管、团队和员工之间充满内斗，当时的末位淘汰考核制度导致员工之间过度竞争，缺乏合作。

- 机构臃肿，缺乏创新和活力。公司被等级制度和主从秩序所主导，自发性和创造性受到遏制，公司不鼓励员工进行创新和尝试，人才大量流失。

作为一名在微软工作了 20 多年的老员工，萨提亚·纳德拉对这些很清楚。因此，上任之初，他做的最主要工作就是重塑微软的企业文化，而"成长型思维模式"正是他用来描述微软的新文化。他认为，任何持有成长型思维模式的人都能摆脱束缚，战胜挑战，进而推动各自的成长，并由此推动公司的成长。他号召领导者每天都要问一问自己："今天我在哪些方面保持着固定型思维模式，在哪些方面保持着成长型思维模式？"当他发现下级领导有任何固定型思维模式的表现时，他会马上提醒对方。萨提亚·纳德拉提出了重塑微软文化的一系列措施，逐渐改变了微软过去的过度竞争和不敢创新的氛围，成功将微软从固定型思维模式的深渊中拉了出来，重新塑造了以成长型思维模式为核心的微软新文化。到 2019 年 6 月，微软的市值超过 1 万亿美元，成为全球市值最高的公司。

4.1.2　从指挥型领导到教练型领导

具备指挥型领导风格的领导者的典型特征是下达命令，并期望团队成员遵循命令。除了遵循命令，指挥型领导者还希望员工 100% 遵守组织的规则、流程、制度，不得有任何偏差。除了下达命令，指挥型领导者还需要通过以下方式实现有效管理。

- 设置工作规则，提供工作说明。

- 澄清员工的角色和责任。

- 消除完成任务的任何障碍。

- 适当时给予奖励或惩罚。

指挥型领导风格有以下适用场景。

- 简单、清晰、重复性流程的工作场景，比如对于非知识性的操作型工作。这种工作不需要员工发挥创造性，不同的员工按照操作流程执行没有差异性产出。这种情况下，员工按照领导给出的命令及指南执行即可。

● 在危急时刻需要马上决策并采取行动，没有时间去召集团队发挥集体智慧、集思广益产出最佳解决方案，这时领导者马上给出清晰的命令让团队立即执行是最好的领导方式，任何拖延决策都会给组织带来更大的伤害。

● 对于刚开始接手一项全新工作的员工，他往往不知道如何下手开展工作，这个时候，领导者直接给出命令，并教会他1、2、3步做些什么，以及该怎么做，这种领导方式最有助于员工起步。

指挥型领导风格在中国本土企业仍旧普遍存在。但是随着商业组织所面临的市场环境越来越动荡，技术更新迭代速度越来越快，指挥型领导风格的缺点也越加明显，下面一一列出。

● 领导者必须比团队更有经验。指挥型领导风格在很大程度上依赖领导者的经验和利用该经验有效地指导团队的能力。因此，如果领导者没有足够的经验，并且必须依靠下属的专业知识来完成工作，指挥型领导风格就会失败。面对日新月异的技术和商业环境，领导者往往很难做到事事比下属更加有经验。

● 员工的成长空间被削弱，敬业度不高。员工习惯于依赖领导者动脑思考做决策，自己不主动动脑思考解决方案，即便遇到了需要学习和探索才能够掌握的技能，员工也没有动力和压力去尝试，因为最后都是听领导者的决定，责任也由领导者来承担。在数智时代，商业组织更加需要员工主动学习和探索新的知识，并且群策群力共创好的产品、服务和解决方案，才能够在激烈的市场环境下保持竞争力。

- 创新被扼杀。指挥型领导者往往认为，应该始终严格遵守一套既定的规则，不经意间就创造了一个抑制创新的环境。此外，指挥型领导者经常就规则给出详细的指示，逐渐训练出不喜欢主动探索、墨守成规的下属。然而，在数智时代，颠覆式创新越来越频繁，即便不需要经常颠覆现有技术或商业模式，微创新也需要持续发生，组织才有可能在市场中立于不败之地。

- 对领导者的高度依赖导致领导者经常成为瓶颈。由于什么事都需要领导者决策，领导者参与严密的微观管理，这很容易导致领导者在决策方面成为瓶颈。如果员工抢不到领导者的时间来决策，会导致工作延期，从而带来对客户响应缓慢、延误市场机会等后果。

快速、持续和破坏性的变化现在已经成为常态，过去成功的经验不再总是未来成功的指南。21 世纪的经理人根本不会也不可能拥有所有正确的答案，领导者必须尝试为员工提供更多支持和指导，让员工释放自己具有的潜能，激发员工自己找到最合适的答案，这正是教练型领导者所倡导的。

教练型领导者的出发点在于帮助员工个人获得长远发展，采取教练型领导风格的领导者通过支持员工的成长，并挑战同事的舒适区，来帮助他们实现个人的发展目标。领导者表现得像教练，善于沟通，激发创造力，激励并允许员工自主决策并做好工作。因此，当领导者希望帮助员工建立持久的个人优势，并且员工自身也希望学习和成长，保持开放的心态聆听领导者及他人的反馈时，教练型领导最为有效。相反，若员工不愿意接受领导者的反馈或不愿意学习，教练型领导几乎没有效果。

从指挥型领导者向教练型领导者转型的关键变化有以下 4 个方面。

（1）关注点有所不同。指挥型领导者重点关注的是工作的完成及目标的达成，对员工的感受、对工作的接受度、工作动机等关注较少。教练型领导者在关注目标和工作的同时，也关注员工的个人感受以及工作动机的变化。因此，教练型领导者需要平衡对人和对事两方面的关注度。

（2）领导者的目标有所调整。教练型领导者的目标不再只是达成业务目标，员工的发展也成为重要目标。在瞬息万变的市场环境下，旧有的成功经验很难复制，需要员工不断学习和探索新的技术、方法、工具，才能够让团队保持持续的高绩效。因此，领导者需要引导员工结合业务目标制定自己的成长目标，并且为员工提供发展技能的机会。

（3）领导者和员工互动的方式有所改变。指挥型领导者像英雄一样被大家所依赖，习惯于直接给出答案，较少启发员工自己寻找答案；而教练型领导者更多地采用开放问题的方式来启发员工自己思考答案。此外，指挥型领导者由于较少关注人的感受和发展，因此习惯于采取一对多的团队沟通方式，较少与员工一对一对话；而教练型领导者除了常规的与团队一对多的沟通会议，还会定期和员工一对一促谈，保持与员工的深度链接，通过启发式提问并及时给员工所需的支持，来释放员工的潜能。

（4）教练型领导者会给员工在工作上更大的自由度。指挥型领导者不仅习惯于让员工实现领导者定义的目标，而且在执行细节上也经常会要求员工按照领导者的旨意来执行；教练型领导者与团队一起制定目标和规则，并且让员工理解目标和规则背后的意义，从而能够获得员工对目标和规则的共识，在执行细节上，教练型领导者给员工更大的自由度来决定如何达成目标。

谷歌的"氧气计划"项目致力于研究好的经理人有哪些常见的行为特征，并将培养这些特征作为培训谷歌的经理人和提高其绩效的指导方针。这个计划确定了绩效高的领导者中常见的8种行为特征，通过宣传和培训领导者这8种行为特征，谷歌发现领导者所带领的团队绩效（如营业额、客户满意度等）随着时间的推移逐渐提升。这8种行为特征按照排名顺序列出如下。

（1）是个好教练。谷歌优秀经理人的首要特征是，员工认为这个人是"好教练"，这意味着经理人能够有效地教导和建议员工如何执行任务，同时提供建设性的反馈。

（2）赋能团队，而不是微观管理。谷歌优秀经理人的第二个特征是不对员工进行微观管理，而是授权团队控制自己的工作和项目。员工需要经理人提供有帮助的反馈和建议，同时也需要获得对工作的足够支配权，才能在不被无效干扰的情况下完成工作。因此，教练型领导者需要保持管理和授权之间微妙的平衡。

（3）营造包容团队的环境，对员工的成功和福祉给予关注。每一个员工都希望得到领导者的重视，因此谷歌优秀经理人的第三个特征是对员工的个人成功和工作幸福感有积极的兴趣。

（4）富有成效且注重结果。领导者为员工制定一套明确且既定的目标可以帮助他们步入正轨，以产生与期望一致的结果。

（5）善于倾听和分享信息。谷歌优秀经理人相较于那些平庸的经理人更加擅长聆听，而不是说教，并且及时与团队分享其需要的信息，保持信息的透明性。

（6）支持职业发展并讨论绩效。谷歌优秀经理人视员工的成长和未来的成功与自己的利益息息相关，因此对员工的职业发展给予高度支持，因而员工更快乐和高效地工作，从而产生更好的绩效。

（7）团队有明确的愿景和战略。优秀经理人向员工提供明确的愿景定义，以及实现愿景的清晰的路线图，以确保团队能够高效和高水平地工作。

（8）拥有关键的技术能力，为团队提供建议。谷歌作为一家技术型企业，在大多数情况下，谷歌的经理人要持续学习，掌握员工需要具备的技能，这样才能为员工更好地完成任务提供建议。

可以看到，谷歌优秀经理人的 8 种行为特征与教练型领导风格一脉相承。

4.1.3　从关注资源效率到关注价值流动效率

职能型组织里衡量组织管理效率的常用指标是资源效率，具体来说，是从组织内部的角度审视价值流各个独立环节的产出效率，让各个环节的人和资源保持 100% 高负荷运转，从而确保每个环节的产出效率最大化。而价值流动效率是指从客户或用户的角度审视价值流动的顺畅度。

为了理解"流动效率"和"资源效率"的不同，让我们看一个例子[①]。小李，35 岁，最近经常感觉腹部疼痛，决定去医院看病，医生初次诊断后，开具了 B 超检查单。而该医院最近的一次 B 超检查需要 2 周以后。小李等待 2 周后做了 B 超检查。拿到结果给医生看，医生认为需要做肠镜检查。但是最近的肠镜检查需要 3 周后才能做。小李又等待了 3 周，忍受着灌肠的痛苦做了肠镜检查。小李等待 1 周后出了结果，再次挂号找医生看结果，医生认为需要手术治疗，但是住院床位需要排队至少 1 个月。小李又开始等待医院住院部的通知，等待 8 周后，终于住院手术（见图 4-2）。

小李从初诊到住院，一共花了 3 个多月的时间，而他在医院接受检查和诊断的时间还不到 3 天。在这个过程中，小李一直处于忐忑不安之中，因为他不知道每一步检查会出现什么状况。

---

① 本示例改编自 Niklas Modig 和 Pär Åhlström 的 *This Is Lean: Resolving the Effioiency Paradox* 一书，2012 年由 Rheologica Publishing 出版。

想象另一种场景，如果有集各种检查于一体的一站式服务的医院，小李到达医院，医生询问病情后，开具需要做的检查单，小李当天就在医院做了B超检查。医生看到B超结果后，立刻决定做肠镜检查。小李做好肠镜检查的个人准备后，第二天返回医院接受肠镜检查。检查结果出来后，医生确诊，给出手术的意见，只要小李同意，第二天就可以住院手术。

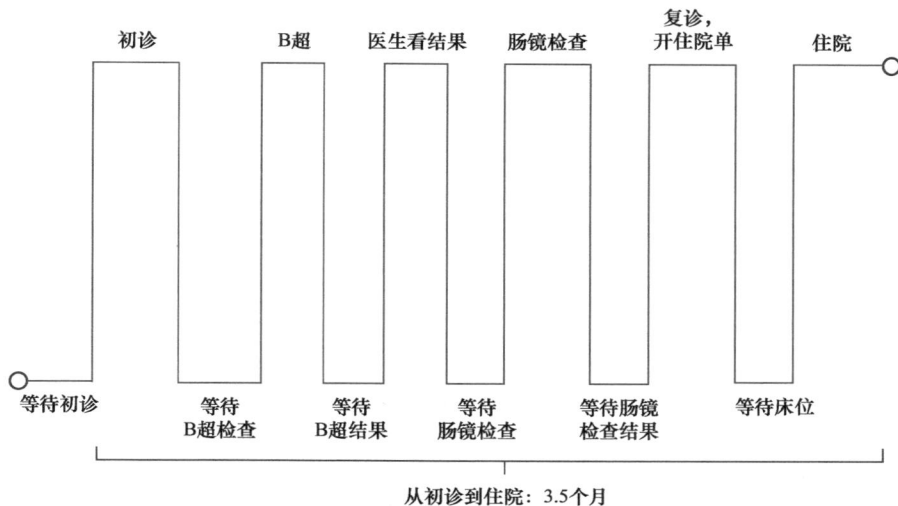

图 4-2　传统的医院服务：从初诊到住院历时 3.5 个月

小李在我们假想的这个一站式服务的医院，从初诊到住院一共只花了 3 天（见图 4-3 ）。

上面两个例子中，组织资源的方式不同。第一种，即我们每个人所熟悉的传统医院，组织聚焦于内部各个部门的资源效率，最大化服务客户每个环节的内部资源利用率，比如让医生每分每秒不停歇地看病诊断，超声等设备不停歇地运转，超声检查室的工作人员不停歇地检查，肠镜手术科的医生们不停歇地做肠镜手术，让病人队伍在身后等待。在这种场景下，当我们把视角切换到价值的流动单元，即病人，则会看到他们大部分时间处于等待状态，他们的体验非常不好。第二种，即我们假想的一站式服务的医院，组织聚焦于客户价值的流动效率，以病人的体验为中心，在整个就诊服务过程中病人的等待时间很少，而对于医生及各个检查科室的设备来说，他们的门口也没有长长的病人队伍，甚至偶尔还有空闲。从时间的角度，病人体验到的效率差距是几十倍。

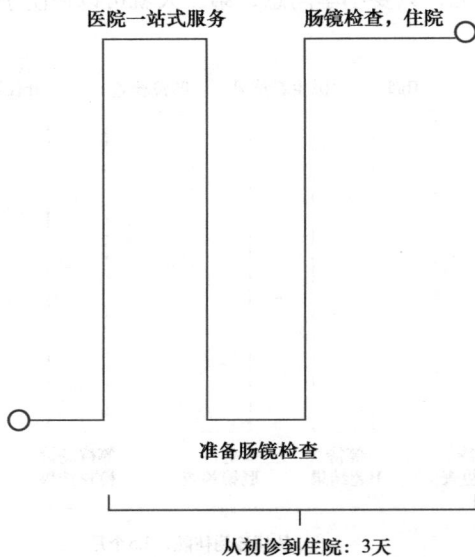

图 4-3　一站式服务：从初诊到住院历时 3 天

让我们忘掉医院回到商业环境里，企业内部员工、设备的忙碌程度与客户无关，客户关心的是提出的需求得到快速满足。因此领导者需要转变视角，真正以客户为中心，从客户价值流的视角，关注承载客户价值工作的流动速度。如果我们想真正做到以客户为中心，在竞争激烈的环境下获得竞争力，必须关注客户在整个服务过程中的体验。

4.2　赋能团队

"赋能"这个词这些年非常热门，很多企业虽然大力提倡"赋能"，但是具体怎么做，领导者并没有明确的概念，本节给出具体的赋能思路和做法。

4.2.1　去中心化决策

中心化决策指的是决策权集中在组织结构顶部的个别人身上，其他人只有执行权，没有决策权。去中心化决策指的是领导者将决策权分散到更大的群体中，这意味着赋予较低级别的经理人和员工更高的权力。

去中心化决策相对于中心化决策有以下优势。

（1）可以做出快速且明智的决定。由于决策权存在于有与决策相关的知识、技能和经验的人身上，而不是高高在上、不具备相关知识和技能的上级领导者身上，因此可以更加准确、明智和及时地做出决策。

（2）减轻高层管理人员的负担。去中心化决策减轻高层管理人员的负担，加快组织管理效率，避免组织在开展业务的过程中对管理层决策的不必要等待。

（3）激发下属的工作士气。权力下放为下属提供更多机会主动承担责任，使下属在开展工作的过程中不受上级的干预，让下属感受到更高的自由度。

在数智时代，组织必须在最短的时间内给客户交付价值，并且快速响应市场和客户的需求变化，捕捉市场商机，因此去中心化决策成为必需的决策方式。一方面，任何升级到更高层级的决策都会带来延迟；另一方面，由于领导者远离市场一线，缺乏与决策相关的背景信息和数据，并且等待决策期间情况也会发生变化。因此，决策升级到更高层级可能会降低决策质量。相反，去中心化决策可以减少延迟，加快产品或服务交付的速度，并促进更快的市场反馈和更具创新性的解决方案。

需要注意的是，即便去中心化决策有诸多好处，也并非所有的决策都应该下放，更不是所有的组织都纯粹地中心化决策或纯粹地去中心化决策。有些决策具有战略意义，影响深远，并且超出了团队的知识或责任范围。另外，领导者比下属拥有更多的指导企业所需的市场知识、长期视角及对商业格局的理解。因此，一些决策应该中心化。一般来说，需要中心化的决策具有以下特征。

- 低频次，即很少做出这些决策。这样的决策通常不紧急，需要更深入的考虑，例如公司发展战略、公司在其他国家或城市扩张、产品战略、投资决策等。

- 持久性，即一旦做出这样的决策，至少在短期内不大可能改变，并且会给组织带来持久性的影响。例如，对供应商选择标准的制定，工作流程、开发标准、技术平台的选型，组织结构的调整等。

- 规模经济效益，即这样的决策会产生巨大且广泛的经济效益。例如，公司并购、股权重组、公司拆分等。

以上 3 种适合中心化决策的特征可能会有重叠，比如，投资决策既具有规模经济效益，又属于低频次的决策。

绝大多数的决策都没有达到战略重要性的门槛。因此这几种特征之外的决策，都应该首先考虑是否可以采取去中心化的策略，下放给一线领导者或员工来决策。一般来说，那些适合去中心化的决策具有以下特征。

- 频繁发生，即经常发生和常见的问题，例如，团队工作事项的优先级排序、产品需求范围的界定、对产品缺陷和客户问题的响应等。

- 时间紧迫。延迟这类决策会带来高昂的经济成本，例如，客户投诉、安全性事故、网络崩溃、客户商机等。

- 需要具备特定知识和经验。这些决策需要具备特定的知识背景，无

论是技术、地域，还是特定的客户或市场。例如，在不熟悉的城市
或国家如何开展业务，从前做 To B 的企业开始尝试做政府客户该如
何开展，这些应由具有相关背景并详细了解当前局势和业务复杂性
的人员做出决策。

4.2.2　建立内部共享平台

内部共享平台属于业务敏捷组织赋能平台的一种，指的是在组织层面建
立的一种虚拟或实体的共享平台，将各个团队的知识、经验、数据等加以共
享，为整个组织所复用。

很多互联网企业采用企业内部维基百科的方式，每个团队将自己执行过
程中的文档、经验教训上传到企业内部维基百科管理。在产品信息安全允许
的情况下，全公司任何一个人都可以访问企业内部维基百科学习与自己相关
产品的知识和经验。

还有很多企业开设社区论坛，用于在全公司范围内就某个技术或业务话
题开展经验探讨，论坛主由企业员工志愿担任，参加探讨的员工来自各个部
门或团队，大家不需要互相认识，而是基于个人的技术兴趣和工作需要在论
坛上自由灌水、探讨经验。

将知识共享认真做到极致的企业非华为莫属。华为的员工数量有 18 万之
多，为了解决这一超大规模的航空母舰型组织在全公司范围内共享知识和经
验的问题，华为成立了专门的知识管理组织，其结构如图 4-4 所示。搭建知
识管理平台和流程的责任归属于知识管理部，这个部门隶属于华为的流程与
IT 管理部的项目管理能力中心。

知识管理部由以下 3 部分构成。

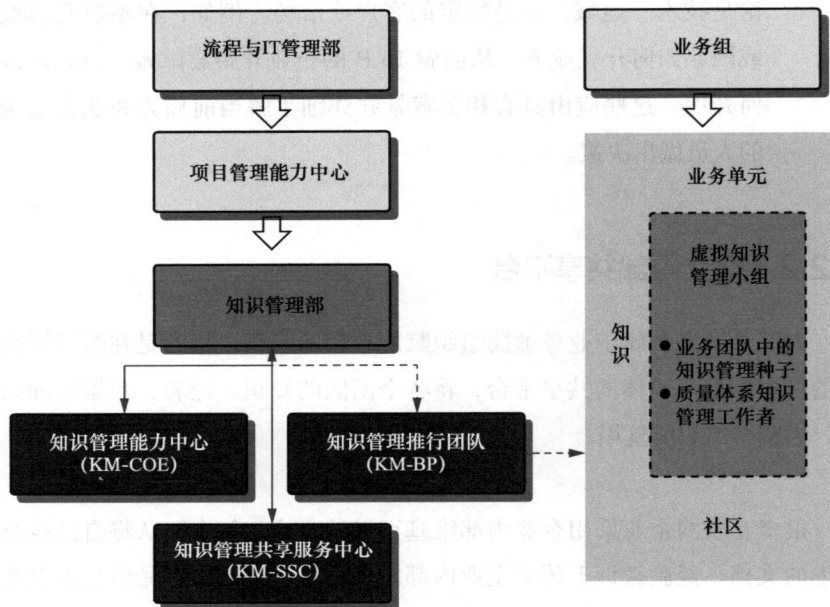

图 4-4　华为知识管理组织结构

（1）知识管理能力中心（Knowledge Management-Center of Excellence，KM-COE）。KM-COE 代表组织知识管理专业领域的最高水平，由精通知识管理领域的专家构成，能够从知识管理专业角度为公司及业务部门提供专业咨询与引导。

（2）知识管理推行团队（Knowledge Management-Business Partner，KM-BP）。KM-BP 是公司的知识管理业务合作伙伴，它由公司知识管理总部派驻人员前往业务部门，推动业务的知识管理实施落地。

（3）知识管理共享服务中心（Knowledge Management-Shared Service Center，KM-SSC）。KM-SSC 负责知识共享平台的日常运营性工作。

知识共享需要公司全体员工参与，这就需要业务部门参与知识共享的流程，如图 4-4 右半部分所示。各个业务部门内部成立虚拟知识管理小组，他们不仅是业务部门内部推广知识管理的种子，也负责整个业务部门的知识共享工作。业务部门的虚拟知识管理小组与图 4-4 左半部分的 KM-BP 对接工作，从而确保知识共享的流程和平台能够在整个公司的所有业务部门得以应用。

另外一种内部共享是工具、代码和数据共享。大企业里各个部门经常自行管理数据和工具，导致各个部门重复造轮子。经常出现一个部门在头疼使用什么工具或寻找业务开展的相关数据的时候，而其他部门已经有成熟的工具或现成的数据可以使用，但部门之间互相并不知道。很多一线互联网厂商建立了内部代码开源机制和内源平台，在产品信息安全制度允许的范围内，每个团队将可以共享给团队成员之外的代码部分上传到公司级的内源平台，经过公司级的内源代码审核小组审核后，代码为全公司所共用。其他团队如发现有自己可以借鉴的代码，便从内源平台下载代码，基于下载的代码开发出的新的代码再共享到内源平台上，为更多团队所使用。

因此，领导者建立统一的代码库、数据和工具，能够有效避免不必要的成本和时间浪费，让团队聚焦于自己产品的特有部分开展工作，而各个产品共通的部分，则从公司级的共享平台中拿来即用。

4.2.3　现场走动管理（Gemba Walk）

Gemba 是一个日本术语，意思是"现场""实际的地方"。它代表实际工作的场所或为客户创造价值的地方。在不同的场景下 Gemba 可能是不同的场所。对于销售部门，Gemba 可能是会见客户的场所；对于生产部门，Gemba 可能是工厂的车间；对于研发部门，Gemba 可能是开展产品研发工作的场所；对于医院，Gemba 可能是门诊、急诊或手术室。Gemba Walk（现场走动管理）的理念来自丰田生产系统，意指到现场才能发现真正的问题，改进和创新的点子也应该在现场诞生才是最贴近实际需要的。

领导者经常陷入各种繁忙的会议中，很少花时间去创造客户价值的一线场所观察和了解实际的情况，因而领导者做出的决策往往是依据下属汇报的材料及各种会议上下属所呈现的问题和数据做出的，而这些会议上呈现的信息属于二手信息甚至是三手信息。现场走动管理不仅能够帮助领导者贴近一线，从而做出更加客观的决策，还能够帮助领导者辅导团队、持续改善团队的绩效。

需要注意的是，领导者现场走动管理的目的是理解客户价值流以及各个环节的问题，而不是检查团队的工作并蜻蜓点水地给出点评意见。领导者现场走动管理的时候，需要观察日常工作，如果发现问题，则询问团队问题背后的原因。可以采取以下 7 个步骤让现场走动管理更加有效。

（1）提前通知团队。在开展现场走动管理之前，让团队知道领导者将要做现场走动管理，其目的是什么，以及将如何做。注意不要给团队带来精神压力，不要让团队为了给领导者呈现好的一面而刻意做了很多准备性工作或粉饰工作。

（2）做好计划。领导者在现场走动管理之前需要计划将关注流程的哪些方面，想向团队提出哪些问题，以及想要哪些信息。做计划可以从价值流的每个流程步骤切入。

（3）关注流程。现场走动管理的目的并不是分析员工个人的表现如何，如果把重点放在员工甚至是寻找他们的缺点上会适得其反。在现场走动管理期间不进行员工评估，领导者试图了解的是价值流和涉及的流程步骤，并辅导团队优化流程。

（4）采用"5W"问题框架提问。现场走动管理通过询问"5W"（即 Who、What、Where、When 以及 Why）问题框架中的问题来深入理解价值流，如表 4-1 所示。

（5）现场不评判也不给意见，只提问和记笔记。现场详细记录发现能让人专注于观察，有助于现场走动管理后的深度思考。领导者要避免现场给团队抛出解决方案，因为这样会削弱团队自己思考和解决问题的能力。在形成改进措施之前，最好先静观和思考一段时间，而不是仓促地给出改进意见。

表 4-1　5W 问题框架

5W	问题示例
Who	参与流程特定部分的员工是谁？这些员工的角色和职责是什么？流程的产出物给谁用？
What	过程中的每个步骤是什么？每个步骤的输入和输出分别是什么？步骤的执行过程是否存在障碍？
Where	工作步骤开展的场所在哪里？场所是否具备所需的资源来开展工作？
When	流程的每个步骤是何时执行的？步骤是否按特定顺序完成？这样的步骤顺序是否最为合理？
Why	为什么某个工作步骤有必要存在？这个步骤是如何为客户提供价值的？是否存在可以消除的浪费或者可以改善的低效情况？

（6）与团队分享发现。记录好发现并思考好改进意见之后，返回团队中，与员工分析发现，并探讨如何改进。这时候可以采用教练型领导风格，通过启发式提问来与团队共同形成改进计划，而不是直接宣贯领导者的想法。

（7）隔一段时间再回到同一现场做现场走动管理。在计划改进的完成时间返回同一现场再进行一次现场走动管理。在这次现场走动管理中，领导者可以直接观察改进是否做出，是否有效，并确定是否因此出现了新的问题。还可以询问员工对这些变化的看法，以及他们是否看到了效果。

现场走动管理的频次取决于团队的工作性质，可以是每天、每周或者每月。在领导者形成固定的现场走动管理的实践后，团队会习惯于领导者定期现场走动管理以及与领导者探讨改进事项，从而不再担心被领导看到工作流程中的问题，持续改善的文化逐渐形成。指挥型领导者在现场走动管理中容易评判团队的缺点，并现场直接给出命令，这会让现场走动管理变成例行检查；关注资源效率的领导者在现场管理中会把注意力放在人员的忙碌和闲置上，而不是关注价值流动的优化。

4.2.4　减少多项目切换

很多企业里每个员工同时并行做多个项目成为常态。结果，每个员工每天在多个项目里来回切换。看似每个员工都很忙碌，但是从单个项目来看，项目经常会处于等待员工处理的状态，因为员工手上在忙其他项目。

软件领域最著名的专家之一杰拉尔德·温伯格（Gerald M.Weinberg）曾经分析过多项目切换带来的负面效应（见表 4-2）。当一个人同时并行处理 2 个项目的时候，由于项目来回切换造成的时间浪费达 20%，每多加一个并行处理的项目，由切换造成的时间浪费就成比例上升。当一个人同时并行处理 5 个项目的时候，在 5 个项目间来回切换造成的时间浪费高达 75%。而这些切换成本在组织里并不可见，属于巨大的隐形浪费，往往不会引起领导者的注意。

表 4-2　多项目切换带来的负面效应

并行的项目数量	平均每个项目的时间占比 /%	上下文切换带来的损耗 /%
1	100	0
2	40	20
3	20	40
4	10	60
5	5	75

来源：杰拉尔德·温伯格的 *Quality Software Management:System Thinking* 一书，Dorset House 出版社于 1991 年 9 月出版。

多项目切换不仅给员工的工作效率带来巨大的负面影响，还会造成客户价值交付的延期。例如，一个团队同时在做 3 个项目 A、B 和 C。项目 A 的商业价值最高，其次是项目 B，项目 C 的商业价值最低，3 个项目所需要的

工作量相当，对这个团队来说都需要一个月的时间交付。团队采用 3 个项目
并行执行的方式，每个月在 3 个项目间来回切换，每个项目都做做停停，由
于项目来回切换带来了时间浪费，到第 3 个月结束的时候没有一个项目交付。
从客户价值交付的角度来说，在前 3 个月内由于没有项目交付，所以对客户
没有任何价值交付。单件流工作方式与多项目切换工作方式如图 4-5 所示。

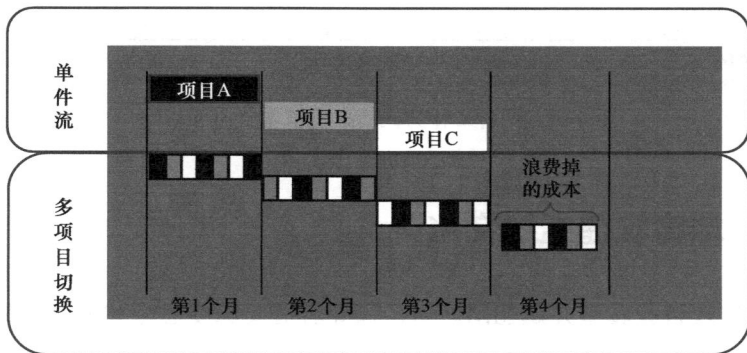

图 4-5　单件流工作方式与多项目切换工作方式

　　若团队采用另一种单件流的工作方式：按照项目商业价值的高低进行排
序，顺序执行项目，即首先集中精力做完项目 A，1 个月后项目 A 发布；然
后团队集中精力做项目 B，第 2 个月结束的时候项目 B 发布；最后团队集中
精力做项目 C，第 3 个月结束的时候项目 C 发布。从交付的商业价值的角度
来说，在第 1 个月后，团队获得项目 A 所带来的商业价值，第 2 个月后，团
队获得项目 B 带来的商业价值，第 3 个月后，团队获得项目 C 带来的商业
价值。

　　让我们对比两种工作方式带来的商业价值增长曲线，可以看到，并行多
项目的工作方式让收获的商业价值滞后 3 个月的时间，如图 4-6 所示。

　　由此可见，减少多项目切换，不仅可以提升个人工作效率，还能够更早
地开始增长商业价值。

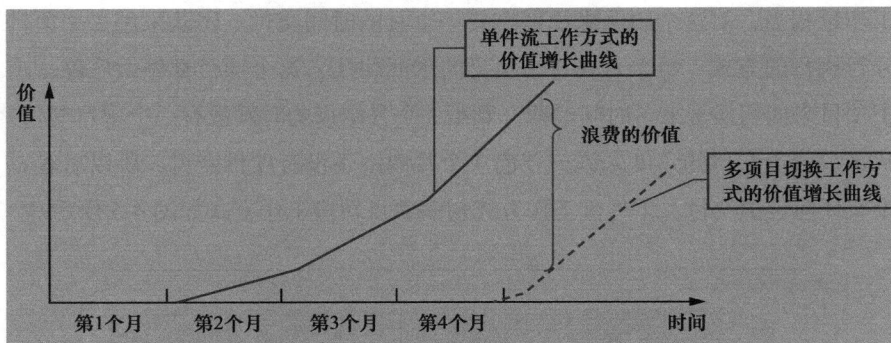

图 4-6　两种工作方式商业价值增长曲线对比

4.3　培育敏捷组织文化

在实现自我转型并赋能团队后，领导者需要深度思考如何培育敏捷组织文化，推动组织层面的敏捷转型，将敏捷的 DNA 植入整个组织。根据麦肯锡文化培育影响力模型，领导者可以从**树立榜样、培养理念、强化机制、发展人才** 4 个维度着手（见图 4-7），打造适应变化、协同共赢、持续进化

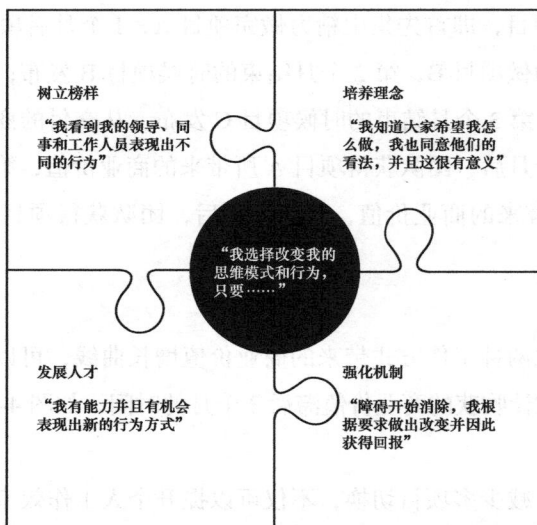

图 4-7　麦肯锡文化培育影响力模型

的敏捷型组织文化。4.3.1 ～ 4.3.4 节将分别详述培育敏捷组织文化的 4 个维度。

4.3.1　树立榜样

在组织内培育全新的思维模式及敏捷文化，首先需要高管层言出必行、以身作则。罗伯特·J. 安德森（Robert J.Anderson）在《孕育青色领导力》一书中明确提出："一个企业发展的最高可能性，是无法超越其最高领导者心智水平的天花板的。""领导效能与经营业绩指数之间有很强的相关性（$R=0.61$）。"领导者应首先升级自身的心智模式，身体力行展现出创造性、系统性、协作性和客户价值导向的行为，推开组织发展的天花板，真正引领敏捷文化转型。

从意识层面，领导者应深入阅读与敏捷相关的书籍，参与敏捷学习，熟悉敏捷的理念和原则，不断提升敏捷意识并精进敏捷领导力。从行动层面，领导者应躬身入局，作为项目赞助人和产品负责人深度参与敏捷产品开发，直接体会敏捷带来的业务价值，看到团队效能的提升和士气的变化，更透彻地领悟敏捷的精髓并为敏捷代言。例如，领导者可以在团队中或公开场合践行并倡导敏捷领导力及行为，这些行为包括但不限于以下 4 方面。

- **信任团队**：给予团队充分的权利和决策空间，相信团队成员的能力和创造力。营造透明开放、多元包容的氛围，赋能和激发团队持续成长，实现并不断超越目标。

- **客户至上**：从战略制定到产品开发，始终坚持以客户为中心，换位思考，从客户的痛点和需求中挖掘机会。鼓励团队基于客户洞察进行创新，为内外部客户创造真正的价值。

- **持续迭代**：拥抱不确定性，对未知和试错给予鼓励和包容。聆听客户的反馈建议，基于数据和反馈不断迭代产品。倡导流程优化，对待办任务进行战略取舍和优先级排序，减少损耗，聚焦价值的创造。

● **促动协作**：从系统视角出发，打破部门壁垒，有勇气发现并直面问题，促动有意义的对话，激发团队智慧，聚焦组织利益与共同目标。

为了提升跨部门整合品牌团队的效能和价值，B 公司管理层鼎力支持并授权对其中一支整合品牌团队的组成、工作内容和会议机制进行大刀阔斧的改造和升级试点。首先，将该团队规模由近 40 人，精简至与业务最密切相关的不超过 20 位核心成员，节约人力约 50%；同时，管理层带头大幅削减以信息同步为目的的业务汇报环节，取而代之的是针对棘手业务挑战设计的冲刺项目和短、平、快的定期回顾。会议时间由每次 3 小时压缩至 1.5 小时以内，节约时间超过 50%；会议内容聚焦于最有价值的业务成果展示，并将幻灯片数量压缩至最少、最简洁的水平；通过对任务进行优先级排序，聚焦当下最重要的业务机会，并解决最关键的业务挑战。更为重要的是，品牌策略的制定不再由市场部单方面拍板，而是由跨部门成员基于外部客户调研和内部销售问卷与访谈的结果，共创活动方案，并以每两周为周期，持续收集一线业务团队的反馈，萃取区域最佳实践，并在执行中迭代活动方案，不断优化品牌策略从制定到落地执行的传导通路。

除了以身作则，在组织层面，领导者也可以结合公司的核心价值观，通过设置敏捷个人、敏捷领导者和敏捷团队等奖项对优秀榜样进行认可，并将相应的敏捷故事通过年会表彰、微信推文、公司平台经验分享、行业社群交流等多种创新渠道对内对外进行广泛传播，让敏捷理念深入人心，同时塑造优质雇主品牌并吸引更多优秀人才。

4.3.2　培养理念

在组织中培养敏捷的理念是一段知行往复、持续学习的旅程，通常从理念和行为的维度对员工进行赋能。

B 公司将"提升组织敏捷"视为全球战略的重要组成部分，从全球研发团队开始敏捷试点，并通过总部敏捷中心赋能各区域和先行国家推广敏捷实践。该公司培养敏捷理念主要通过以下 3 个有效的渠道。

（1）**敏捷原则的培训与传播**。在 B 公司内部，通过开设全球敏捷主页、推广敏捷体验工作坊和敏捷领导力培训等形式，为领导者和员工分享敏捷原则和核心理念，拉平了组织内部对敏捷的理解与认知。通过全球敏捷主页，定期分享最佳实践，并召开季度会议，促进敏捷实践社区的定期交流与互相学习。与此同时，在外部敏捷社群进行案例分享和跨界交流，也进一步扩大了敏捷理念的传播范围和影响力。

（2）**敏捷理念与业务流程相结合**。为应对数字化浪潮和药品研发所面临的高度不确定性，B 公司在组织内部积极开展数字化和业务敏捷试点项目，倡导"冲刺迭代"的工作方式，率先跑通 MVP，并结合内外部客户的反馈进行持续迭代，定期"复盘"并总结试运行中的经验教训和业务价值，以指导下一步决策。这些经过实践验证且行之有效的敏捷理念已被植入核心业务流程和日常业务运营当中。

（3）**敏捷行为与个人发展计划相结合**。B 公司明确了 5 大类共 20 项敏捷领导力具体行为，鼓励领导者通过自我反思与 360 度反馈，锚定需要提升的敏捷领导力行动领域，结合个人发展计划和日常实践，有意识地关注并展现敏捷行为。同时，结合敏捷项目的参与和敏捷工具的运用，包括看板、计划会、复盘、反馈、目标共创和优先级排序等，在实践中进一步强化对敏捷的理解与认知。

4.3.3 强化机制

敏捷组织领导者的关键作用在于精准部署组织的不同要素，构建起相应的强化机制，通过在组织的不同领域和部门发起并开展敏捷试验，与团队携手前进，共同推进组织敏捷转型的目标。以下将从团队架构、工作流程、工具和方法论 3 个维度具体展开强化敏捷机制的企业实践。

- **团队架构**：除了构建并充分授权跨部门自组织的敏捷团队，领导者还应关注敏捷组织的设计与建设。具体来讲，在组织内部，领导者要能把现有的大型业务拆分为粒度更细的业务，精简公司职能，并通过创新项目机制和跨部门虚拟团队，支持 MVP 孵化，前瞻性地布局和引领新的业务增长领域。跳出公司范畴，领导者还要放眼外部，吸引各类合作伙伴，将外部供应商、渠道、开发者、联盟和战略合作伙伴整合起来，共建强大的合作伙伴生态系统，开放创新，大幅拓展组织辐射范围和业务能力，从而影响整个行业的发展方向。

- **工作流程**：在团队层面运行迭代式交付与运营（第 7 章详述）的基础上，领导者在组织层面应打开视野和格局，运用系统思维，基于业务机会与挑战，对跨部门资源进行整合与重构，在品牌策略及战略规划等关键业务流程上实现协同增效，培育协作共赢的组织文化。因为协作不仅是种美德，更是数智时代敏捷组织的战略选择。B 公司成立整合品牌虚拟团队，结合责任分配矩阵对角色和职责进行明确，有助于组织突破协作壁垒，减少内耗，提升运作效能，聚焦愿景目标。

- **工具和方法论**：在组织的不同层面，领导者可以根据业务需要，选择适合的敏捷工具和引导技术，最大限度地确保协同，提升效能，减少浪费，突破创新，释放组织、团队和个体的潜能。B 公司对业务部门进行的敏捷工具有效性调研显示，看板（7.3 节介绍）、持续复盘（7.2 节介绍）、AAARRR 客户转化漏斗（7.5.1 节介绍）和共创解决方案（6.2.4 节介绍）等工具在业务实践中具有较高的实用性和落地价值。

4.3.4　发展人才

敏捷组织，以人为本。没有组织会自动实现敏捷，人才是驱动组织敏捷的核心和灵魂。换句话说，人是目的，而非手段。敏捷组织的人才发展是一项系统工程，需要在组织、团队、个体多个层面协同发力。通过将持续学习成长与业务活动有机结合，敏捷组织建立起一个真正意义上的学习型组织，赋能组织、团队、个体在不确定的环境下保持韧性，追求业务卓越，同时实现自身的意识进化、多元发展和持续成长。

- 在**组织**层面，建立学习型组织、推广反馈文化、倡导多元与包容对发展人才至关重要。首先，在瞬息万变的时代，唯有不断更新知识与技能，方能适应并引领未来。构建学习型组织，管理者应以身作则，示范终身学习，主动分享新知，通过有力地发问引发思考并唤醒个体和组织的意识进化。除了技能与领导力发展体系，公司还应搭建起开放的学习与分享平台，鼓励人人为师，最大化地让知识与智慧在组织内部生发并流动起来。其次，敏捷组织应落地反馈文化，促进领导者与下属之间、同事与同事之间开展有意义的对话，及时给予具体和有建设性的反馈，认可并强化值得嘉奖的行为，调整和重新定向急需改善的行为，缩小盲区，促进持续共同成长。最后，敏捷组织应倡导多元与包容的文化，尊重每位员工独特的背景、技能和视角，创造场域和机会，鼓励员工充分表达并贡献所长。同时根据组织目标和员工自身潜能，搭建公开透明的晋升和轮岗机制，使员工有机会在组织内实现纵向和横向发展，不断丰富经验与技能，拓宽视野和格局，提升竞争力，更好地适应业务需求和未来的变化。

- 在**团队**层面，敏捷组织关注事与人的平衡，业务结果和团队成长两手抓，两方面都要有增量。首先，通过定期回顾与复盘，使每一位团队成员有机会畅所欲言，为团队和业务目标献计献策，充分发挥影响力和主人翁意识，推动团队持续改善，实现从优秀到卓越。其次，敏捷组织中跨部门自组织的团队架构使团队成员在发挥自身专长的同时，有机会在日常协作中向来自不同部门的伙伴跨界学习，形成一专多能的 T 型战队。Ⅱ 型人才和 T 型战队的培养，加强了组织能力；同时团队视角的多元化促进了部门之间的彼此了解、尊重与高效协作，团队的凝聚力、战斗力和绩效也随之增强。

- 在**个体**层面，面对充满变化与挑战的不确定性环境，除了保持成长型思维和学习热情，不断提升业务所需的专业技能，个体的意识进化和思维模式也面临着新的要求。BANI 就形象地反映了未知与模糊性，给个人心态带来的巨大冲击和影响。应对 BANI 的挑战，美国人类学家、作家和未来学家贾迈斯·卡西欧给出了 4 个方法，分别是：通过弹性和灵活的工作方式解决脆弱；通过共情和正念来缓解焦虑；通过系统思考和适应力来应对非线性；通过透明度和直觉来破解不可理解。这些解题思路恰好与敏捷所倡导的灵活、透明、同理心、系统思考、适应性不谋而合。敏捷组织在支持和鼓励人才学习和应用新技能的同时，还应对个体心智成长进行关照。通过提供灵活弹性的工作方式，提升韧性和情绪能量（如逆商、情绪与能量管理、正念练习等）的相关培训，推动设计思维和目标共识共创，充分赋能员工运用敏捷的思维模式和技能，在不确定的环境下锐意前行，可持续地创造高绩效并实现个人成长与意识进化。

4.4　小结

质量管理之父 W. 爱德华兹·戴明曾说过："人们已经尽他们最大的努力工作了。问题在于系统本身，只有管理者才能够改变系统。"作为有权利改变系统的领导者，他们有责任、有权利、有义务领导组织和团队在数智时代向业务敏捷转型。

若要领导组织转型，领导者首先需要从以下 3 个方面自我转型：从固定型思维到成长型思维、从指挥型领导到教练型领导及从关注资源效率到关注价值流动效率。

此外，领导者需要向团队授权、赋能，包括：在合适的情况下去中心化决策，群策群力发挥基层团队和一线员工的智慧；建立内部共享平台，将各个团队的知识、经验、数据等共享，为整个组织所复用；开展现场走动管理，亲自实地考察、了解现状，及时给团队以反馈和辅导；尽量避免多项目切换带来的不必要浪费，让团队成员能够更加高效和愉快地工作。

最后，领导者在实现自我转型并赋能团队后，还需要建设组织的敏捷文化。领导者需要从树立榜样、培养理念、强化机制、发展人才 4 个方面着手，将敏捷的 DNA 逐步植入整个组织，最终让敏捷成为组织里每个人日常默认的工作理念。

第 5 章

敏捷战略与目标管理

5.1 传统战略的三大迷思

作者在帮企业做战略规划时，会借鉴迈克尔·波特（Michael Porter）教授的五力模型和 IBM 公司的业务领先模型（Business Lead Model，BLM）等模型中隐含的思维，但不会直接使用这些模型。在作者看来，这些模型存在如下缺点，导致它们在实际操作中很难落地。

● 过于复杂，学习成本巨大。

● 分析周期冗长，分析成本高昂。

● 侧重后验式分析而非先验性感知。

对处于急剧变化的商业环境中的企业而言，这些缺点是致命的。初创企业和中小型企业尤其难以运作起这样的"战略"。

5.1.1 五力模型的迷思

五力模型是迈克尔·波特教授于 20 世纪 80 年代初提出的。他指出，企业生存的本质是竞争，基于竞争视角，企业需要分析 5 个维度的威胁。

1．潜在进入者的威胁

潜在进入者越多，对整个市场的瓜分就越剧烈，从而牺牲了企业的利润空间。因此，企业需要构筑壁垒，以阻碍潜在进入者的加入。这些壁垒包括规模壁垒、产品差异化壁垒、成本优势、新进入者障碍壁垒、政策壁垒等。

2．现有公司之间的竞争形成的威胁

这是最常见的一种威胁。商场如战场，除非垄断行业，否则任何企业都会面临与其他企业的竞争。

3．替代品的威胁

任何产品都存在生命周期，新产品会替代旧产品，这是市场的必然规律。正如电视在很大程度上代替了广播，计算机又在很大程度上代替了电视……新产品由于在功能和性能上优于旧产品，对旧产品形成巨大的替代威胁。

4．来自供应商的威胁

供应商向企业提供各类原材料、劳动力和其他关键性资产。当供应商实力显著增强时，可能通过提高供货价格或者向多家企业进行供货，而威胁到企业绩效。另外，供应商还可能不满足于单纯供货，而是进行纵向垂直整合，从而同企业形成新的竞争关系。以前，手机产品多是通过像国美、苏宁电器这样的零售巨头去售卖的。但手机厂商崛起之后，纷纷寻求摆脱零售渠道的束缚，开设自己的线下销售渠道，苹果零售门店、华为零售门店、小米零售门店便是例证。通过自建线下门店，曾经的供应商变成了国美、苏宁电器这样的零售巨头的竞争对手。再如，一家企业可能原来只提供智能汽车的软件解决方案，但当其软件解决方案能力得到市场认可后，这家企业可能会寻求制造智能汽车整车，从而对现有的智能汽车制造商形成威胁。

5. 来自购买者的威胁

当供小于求时，可能存在"店大欺客"的现象；当供大于求时，产品、服务充分竞争，客户便拥有了很强的话语权。曾经，国内云服务领域只有阿里云一家巨头，当时字节跳动购买阿里云的服务，是阿里云的客户。但后来，华为云、腾讯云、百度云相继崛起，成为阿里云的有力竞争者，字节跳动开始不只采购阿里云一家供应商的服务。由于字节跳动是阿里云的大宗购买者，其购买转移行为显著影响了阿里云的市场表现。其后，字节跳动索性自行建设云服务，从阿里云的客户摇身一变成为阿里云的竞争者。

波特的五力模型提供了一种通用的分析框架，可以帮助企业分析其威胁的一般来源。然而，波特的五力模型更多的是提供一种思路，在实操中存在很多现实困难。

要实施五力模型，企业需要了解整个行业的信息，这通常耗时耗力。大型企业之所以能够做到，一方面是因为它们有雄厚的资本，可以建立一个专职的战略部去实施；另一方面是因为大型企业所处的行业通常已处于生命周期的中后期，业务环境相对稳定和可预测。而上述两点对中小企业而言通常并不成立。中小企业没有足够的资本去维持一个成本高昂的战略部门，更难以在一个动荡的行业环境中去准确预测未来。

波特假定，企业之间只有竞争关系。而事实上，现实中的企业既有竞争关系，也有合作关系，是一种新型的竞合关系。阿里巴巴在云领域同字节跳动是竞争关系，但阿里巴巴的饿了么又在牵手抖音，用户在抖音刷到美食视频时，可以直接在饿了么平台下单。随着企业的发展，竞争与合作关系通常也会动态转化。华为曾经不生产芯片和服务器，只采购外部供应商的芯片和服务器，但随着发展，华为逐步进入这两块市场，展开了同原来供应商之间的竞争。如果将视野拉至生态圈，我们会发现，即便在最残酷的自然界里，物种之间也不是只有抢夺，而是在竞争中合作，最终促成彼此的共同繁荣。

比如松树产松子，松子会被松鼠吃掉，但松鼠埋藏松子的习惯，又帮助了松子的传播。于是在来年的春天，那些没有被松鼠吃掉的松子，便会发芽成长为新的松树，而更多的松树，又可养育更多的松鼠……这种循环周而复始，最终促进了彼此的共同繁荣。华为是行业的龙头，也一直在采用五力模型做行业分析，但多年之后，华为也意识到了这样做的局限性。任正非发出了华为不能再做"黑寡妇"的倡议，要加强与优秀供应商的合作，实现共赢。

五力模型假定，行业的规模是固定的，蛋糕就这么大，只有通过虎口夺食，才能占有更大的市场。但现实中，市场规模是动态的，竞争对手可以提供更为丰富的产品形态或服务类型，从而把整个市场做得更大，实现双赢，而非零和博弈。电商领域就是一个很好的例子。当国内只有 eBay 一家电商平台提供在线购物功能时，用户可选择的商品就很有限，这就导致用户规模很小，但当淘宝、天猫、亚马逊、京东、当当、拼多多等越来越多的电商平台涌现之后，消费者发现，他们只需要在家动动手指，就可以方便地购买到所需要的商品。如今，即便是中国三四线城市的老人，也知道并乐于在网上购物。更多消费者的购物习惯从线下转移到线上，从而撑大了电商市场的规模。

总而言之，行业错综复杂，市场瞬息万变，要完成一次五力模型分析却耗时耗力，很可能花费数月做完五力模型分析后，市场早已今非昔比，之前所做的分析变得毫无价值。

5.1.2　BLM 的迷思

我们再来看 BLM。BLM 源自 IBM 公司，它是从战略规划到战略执行的全系列模型，如图 5-1 所示。

BLM 包含战略意图、市场洞察、创新焦点、业务设计、关键任务与依赖关系、正式组织、人才、氛围与文化、领导力和价值观共 10 个组件。

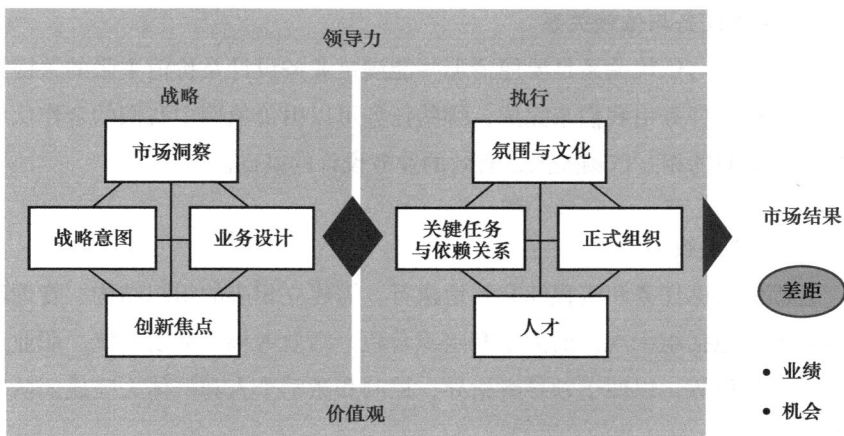

图 5-1　BLM 简图

1. 战略意图

战略意图是指组织的主观发展意愿是什么，试图向哪个方向发展。

2. 市场洞察

市场洞察侧重了解客户需求、竞争者的动向、技术的发展和市场经济状况以找到机遇和风险，其目标是：解释市场上正在发生什么以及这些改变对公司来说意味着什么。

3. 创新焦点

创新焦点意在进行与市场同步的探索与试验，从广泛的资源中过滤想法，通过试点和深入市场的实验探索新想法，谨慎地投资和处理资源，以应对行业的变化。

4. 业务设计

对外部的深入理解为利用内部能力和持续增加价值探索的业务设计提供了基础。业务设计涉及六要素——客户选择、价值主张、价值获取、活动范围、持续价值和风险管理。

5. 关键任务与依赖关系

关键任务与依赖关系是要厘清那些能满足业务设计及价值主张的关键行动，厘清哪些任务由我们来完成，哪些任务可以由价值网中我们的合作伙伴完成。组织间的相互依赖关系是有效的业务设计的基础。

6. 正式组织

为确保关键任务和流程能有效地执行，需建立相应的组织结构、管理和考核标准，包括组织规模的大小和组织角色、绩效考核、激励系统、职业规划及办公场所等，以便于领导者指导、控制和激励个人和群体去完成团队的重要任务。

7. 人才

人才部分要明晰员工的特点、能力以及竞争力。要使战略被有效执行，员工必须有实施关键任务的能力、动力和行动力。

8. 氛围与文化

要创造好的工作环境以激励员工完成关键任务，积极的氛围能激发人们创造出色的成绩，使得他们更加努力，并在危急时刻鼓舞他们。

9. 领导力

领导者要起到达成结果所需的行为示范作用，并培育激励人心的工作氛围。

10. 价值观

价值观是企业共同的做事规范，战略可以不断调整，但价值观通常是相对稳定的。

BLM 组件较多，组件与组件之间存在多维交互。企业若要用好 BLM，必然需要大量投入。事实上，华为有一个专门的战略规划部负责牵头整个公司进行自上而下的 BLM 分析，每年要耗费 2 个月以上的时间。基于此，作者认为，BLM 或许适合市场稳定的大型组织，但它一定不适合市场瞬息万变的中小型企业。

另外，无论是五力模型还是 BLM，由于要做大量的理性分析，因此它必然是基于过去的事实做出来的，这就决定了它丧失了战略规划中难能可贵的"直觉"部分。关于这点，阿里巴巴 CEO 逍遥子曾说过："战略是打出来的，不是封出来的。"作者对此深以为然。战略应该是 5 分靠分析，5 分靠直觉。有时候，"因为相信，所以看见"也非常重要。过度依赖分析，反而会让整个组织变得畏首畏尾！

5.2　从传统战略到敏捷战略

5.2.1　何为敏捷战略

战略管理专家亚历克斯·米勒（Alex Miller）在《战略管理》一书中指出：

未来是未知的而且是不可知的。计划从定义上来说是面向未来的活动，但是，很不幸，我们对未来的预测却从来都是不准确的。我们对未来的预测不仅经常不准确，甚至经常犯可笑的错误。例如，在 20 世纪 50 年代，专家们几乎一致同意，在以后的任何时候，整个世界对电脑的需求都不会超过 9 台。但是，今天连一些汽车的模型车里都会安装好几台电脑！不过，不能对未来进行预测也并不经常是好笑的事情。例如，在 20 世纪 80 年代，当许多微机生产厂商错误地认为它们所采用的操作系统会成为行业标准时，都纷纷破产了，谁都没有料到它们会输给微软的 DOS 操作系统。

我们需要摒弃在一开始就制定出 100% 正确战略的想法，需要让传统的重型战略管理方法变得更敏捷，让更多的人一起参与，与环境共舞，快速迭代。

敏捷战略抛弃了传统战略的条条框框，企业不必非要遵循波特的五力模型，也不必严格按照 BLM 的步骤去生成战略。敏捷战略的核心算法是生物进化算法。它从一个只有大概轮廓的战略想法着手，以真实的市场环境作为验证战略是否有效的唯一检验标准，不断迭代和修正战略，让战略越来越正确，如图 5-2 所示。

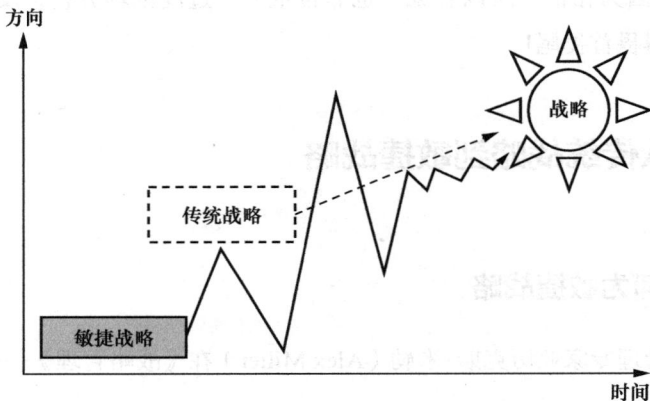

图 5-2　战略迭代过程

事实上，亚马逊遵循的就是敏捷战略做法。亚马逊创始人杰夫·贝索斯（Jeff Bezos）将决策分为两种类型：落子无悔型和可以悔棋型。

类型 1：落子无悔型

少数决策会关系到公司的生死，例如，在整个行业从 PC 时代转向移动互联网时代时，公司是否将现有产品切换到移动端，就是一个事关公司未来生死的重大决策。这类决策一旦做出，就将牵涉公司大部分的资源投入，因而只能成功，不能失败。做出这类决策需要深思熟虑。

类型 2：可以悔棋型

公司做出的大多数决策都是可逆的、可以回退的，不用寄望每次决策都 100% 正确。因此，贝索斯画出了一条红线：在收集到 70% 的信息时即可做出决策。他认为，修正轨道的成本并不高，贻误战机的危害反而更大。

按照贝索斯的分法，传统战略方法或许适合于落子无悔型决策，但对于那些可以悔棋型决策，则更适合采用敏捷战略。

5.2.2 敏捷战略实施方法

要怎样才能生成敏捷战略呢？作者基于多年的组织发展实践，总结出如下公式：

$$敏捷战略 = 战略共创 \times 迭代进化$$

即要得到一个好的敏捷战略，首先要做好战略共创，并在战略实施过程中对战略进行持续迭代，两者不可偏废，是乘法效应，而非加法效应。

1. 要素 1——战略共创

战略共创旅程始终是两条旅程的交替推进，一条是情感旅程，一条是理智旅程，如图 5-3 所示。

图 5-3 理智与情感交织的战略共创旅程

情感旅程是要尊重大家的直觉和理想主义情怀。在战略共创时，不必非要有严格的数据论证，很多时候战略源于一种业务直觉，领导者基于过往的经历，觉得一个业务方向可行，但却不能严格地推导出为什么是这个方向。敏捷战略共创承认这种直觉，并着意孵化这种直觉，它可能是好战略的苗子。

理智旅程则强调推演过程，要么用数据论证战略的可行性，要么用逻辑证实战略的可行性。如果说情感旅程是理想主义，那么理智旅程则是实打实的现实主义。

在敏捷战略共创时，理想主义和现实主义是交替推进的，遵循下述 3 个步骤。

步骤 1：复盘阶段

战略源于对现状的不满，只有不满足于现状，战略才有其必要性。因此，在进行战略共创之前，所有参会的领导者必须站在组织角度，以业务事实为基础，对当前组织的业绩和管理现状进行深度复盘。在复盘时，回答清楚下述 3 个问题。

- 组织当前业绩表现如何？同市场标杆比起来，我们有哪些做得还不错，有哪些做得不够？

- 组织当前整体健康度如何？我们在领导力、人才梯队、管理机制的哪些方向能做得更好，可以支撑取得更好的业绩？

- 组织未来可能面临的三大关键挑战是什么？

复盘阶段是理智旅程，要用数据和逻辑说话，出口是"敏捷战略复盘报告"，格式和内容不限，能讲清楚即可。

步骤 2：战略发散阶段

在做好业绩和管理两个维度的复盘之后，就具备召开敏捷战略共创会的前置条件了。这时可以把相关人召集在一起，按表 5-1 所示的步骤去发散讨论生成战略。

表 5-1 战略共创步骤

序号	步骤说明
1	**信息分享**：参会人员把会前完成的"敏捷战略复盘报告"向所有与会人员分享，确保所有与会人员能得到立体视角和全方位信息，为后续进行全面敏捷战略共创创造条件
2	**复盘小结**：当所有参会人员都完成"敏捷战略复盘报告"的分享后，组织负责人要进行小结，把大家的信息连接到一起，同时也可以分享自己的一些思考
3	**情感破冰**：信息分享环节是在用事实说话，走的是理智旅程。我们要用一个环节使大家从理智旅程切换到情感旅程，这就需要对大家进行情感破冰，以打开想象力。破冰的方式有很多，可以像微软 CEO 萨提亚·纳德拉那样邀请一位禅师来主持，让大家分享自己过往的坎坷经历；也可以像阿里巴巴那样，邀请金一男教授给领导者讲红军革命故事。道路千万条，目的只有一个——打开所有参会人的心扉，激发他们的理想主义情怀。敏捷战略共创强调要敢想，要有敢于登月的决心和意志
4	**战略独创**：在点燃大家的理想主义情怀之后，可以预留 15 ~ 20 分钟的时间，让每个人思考一个问题：如果我是组织负责人，我认为组织要做到什么程度，才会让我兴奋，才能让组织成员兴奋？
5	**组内共识**：战略必须要达成共识，每个参会人分享自己在战略独创环节的思考，和小组其他参会人相互碰撞，最终在小组内共识形成 3 ~ 5 个战略机会点

这样，通过上述 5 个步骤，就能发散产生若干战略机会点。如果管理团队被分成 2 个小组，就会共识形成 10 个以内的战略机会点；如果管理团队被分成 3 个小组，就会共识形成 15 个以内的战略机会点。

战略发散阶段走的是情感旅程，它有别于复盘阶段的理智旅程，理想主义、激情、直觉应该是这一阶段的主旋律。战略发散阶段的出口是若干"战略机会点"。

步骤 3：战略收敛阶段

战略是做取舍。组织不可能在四面八方同时出击，那样只会分散精力。什么都做的结果很可能是什么都做不成。资源就这么多，组织必须集中优势兵力朝有限的几个目标发起冲锋。借用华为创始人任正非的话说，就是组织不能在"非战略机会点上消耗战略竞争力量"。

在战略发散阶段生成若干战略机会点后，组织要依据一定的原则去做战略取舍，最终选出最重要的 3～5 个战略方向去突破。可以先将之前生成的若干战略机会点做归类，收敛形成几个大类，然后再让大家逐一去讨论每一个大类，始终问自己如下问题。

- 为什么要选择这一战略？这一战略解决了哪些客户痛点？为客户带来了哪些价值？客户愿意为此付费吗？

- 这一战略能将组织带到什么样的未来？达成这一战略后的组织是什么样子？

- 我们离这一战略有多远？

- 实现这一战略需要什么样的资源支持？

战略发散阶段是情感旅程，战略收敛阶段则又回归理智旅程，要借助数据和逻辑推演，论证战略的可行性，把战略踩实，不能让它成为空洞的口号。战略收敛阶段的出口是最终共识后的敏捷战略，如表 5-2 所示。

表 5-2　敏捷战略表

一句话战略	成功时的样子	衡量标准	信心指数（0% ~ 100%）

2. 要素 2——迭代进化

生成敏捷战略只是实施敏捷战略的开端。更为重要的是，要在后续过程中不断地审视战略是否可行，是否把组织带向了正确方向，对达成该战略的信心是在增强还是在减弱。有时，初始敏捷战略共创时生成得差一点，问题也不大，只要在持续迭代、持续进化，迭代得比对手快、比市场快，就能在市场竞争中脱颖而出。敏捷战略秉持的正是这种算法。商业战略与执行的知名权威艾伦·P. 布拉奇（Alan P.Brache）先生在其所著的《战略执行：如何将战略举措转化为卓越成果》一书中指出：在不断变化的商业世界中，仅用一个中期修正活动就能让你的战略简单地延缓痛苦。敏捷战略在此基础上更进一步，不是一次修正，而是要经常修正，以获得最终胜出的好战略。在不确定的世界中，要实现企业增长，依靠的并非你有多精通已知，而是你有多么迅速地利用哪怕不完美的未知。

关于这一点，组织可以向阿里巴巴学习。阿里巴巴核心价值观一共有 6 条，其中一条是"唯一不变的是变化"，这一价值观也融入了阿里巴巴战略规划的方方面面。2022 年 7 月，阿里巴巴 CEO 张勇发布了一封《致股东信》，对阿里巴巴提出了类似要求：

我们必须比这个时代变化得更快，必须更坚决地调整和完善自己，更快速地把共识转化为行动。尽管这些变革的效果需要更长时间才能显现，但是我们相信，我们正行进在一条正确的道路上。

华为创始人任正非对战略的观点也是：方向要大致正确。没人能准确地判定未来的发展大势，但可以不断结合现有信息去修正我们之前的战略，从而确保组织始终走在一条大致正确的道路上。这就好比哥伦布航海，哥伦布在航海时，并不知道东方新大陆的准确位置，他完全凭借星象图和自己的航海经验，不断地在茫茫大海中修正自己的航行方向。即便他有丰富的航海经验，最后也没有保证他开辟出一条通往东方新大陆的新航路，而是误打误撞地发现了美洲新大陆。阿里巴巴 CEO 张勇也曾说，在战略规划上，"我们本来买的是 1，然后做着做着，发觉 1 没做好，搞出个 2 来。买回来一只鸡，结果炖出一只鸭来。"但要做到这一点，就需要借鉴阿里巴巴的智慧：

鸡窝孵出鸭时，要呵护它，这是战略的灵动性。很多的创新是自上而下和自下而上的结合，在今天互联网时代只靠自下而上的创新是不够的，很多创意在民间、在下面。我们要给团队一些空间，让一些东西能冒出来，同时在它冒出来的时候，能够及时发现它、呵护它，在鸡窝里面养出一只鸭子来，哪怕是一只小鸭子也挺好，说明物种在进化、在发生变异。

这和哥伦布航海如出一辙：他原本想到东方印度新大陆，结果却到了美洲。要通过不断地审视战略和战略达成情况，快速地让敏捷战略不断进化。只要在进化，就不用花太多时间去关注它初始时的美与丑、好与坏，这是敏捷战略一致性的关键。初始生成的敏捷战略只是一个起点，起点在哪不重要，只要它在向终点进化即可。

5.3　敏捷战略下的目标管理

5.3.1　生而敏捷的 OKR

敏捷战略规划的周期相对较长，一般是以年为单位在做规划，通常是 3～5 年。在战略规划之后，需要有更短周期的目标管理去做承接。现今，OKR 成为承接敏捷战略最好的目标管理工具。

将 OKR 和战略、愿景、使命之间的关系用金字塔来表示，如图 5-4 所示。

使命解决的是组织为什么要存在的问题，它通常会一直存在。一个好的使命，可以牵引一个组织无限地去逼近它，但永远也无法完全达成它。事实上，对一个组织来说，如果其使命完成了，组织也就没有继续存在的价值了。阿里巴巴的使命是"让天下没有难做的生意"，亚马逊的使命是"成为全球最以客户为中心的企业"，它们的使命都不可能在短时间内就完成，都是可以用一生去追求的长期事业。

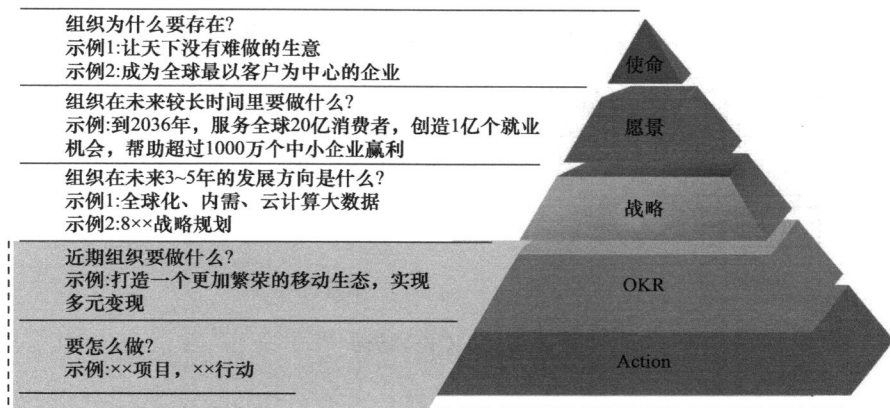

图 5-4　组织目标管理体系

使命之下是愿景。愿景聚焦的时间周期要相对短一些，通常是 10～20 年。比如阿里巴巴在 2016 年发布的愿景是：到 2036 年，服务全球 20 亿消费者，创造 1 亿个就业机会，帮助超过 1000 万个中小企业赢利。这一愿景设定了 20 年的努力目标，有非常明确的数字，很具体。

愿景之下是战略。我们在前面花了大量篇幅介绍如何生成敏捷战略，在此不再赘述。战略聚焦未来 3～5 年要做的最重要的事。对互联网而言，由于外部环境更加动荡，有时这一时间周期会更短，一些企业在做战略规划时只聚焦未来 1～2 年。

当战略明确之后，就可以用 OKR 来做承接，将战略分解成季度或双月目标，不断地去逼近它。

OKR 全称 Objectives and Key Results（目标与关键成果），它起源于英特

尔，并被谷歌发扬光大。OKR 有三层结构，包括 O（目标）、KR（关键成果）和 Action（举措）三个层次：O 代表一种追求和方向，KR 是衡量目标达成的度量衡，Action 则是通向关键成果的阶梯，如图 5-5 所示。

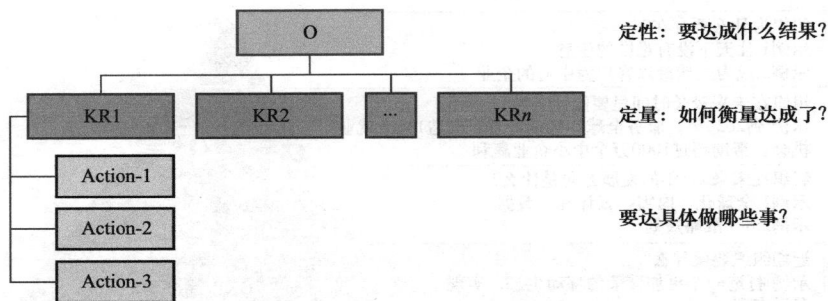

图 5-5　OKR 结构

O 通常是定性的，例如，"再造一个微信""短视频产品进入国内第二梯队"都是典型的 O 的表述方式。KR 则通常是定量的，王健林的小目标"先赚他一个亿"事实上不是 O，而是 KR。除了 O 和 KR，有时为了便于跟进日常工作，还会将 KR 分解成若干关键举措或任务，即 Action，例如，"举办两场客户交流会""收集用户需求"都是 Action。企业也经常将 Action 聚合成项目，以项目形式去追踪。

从时间周期上来看，如果一件事情需要双月或季度以上时间才能完成，那它就适合被定义为 O；如果一件事情需要月度以上时间才能完成，那么可以将其定义为 KR；当一件事情只需要两周以内的时间就可完成时，它通常就是 Action。

为什么说 OKR 和敏捷战略更匹配呢？这是因为 OKR 天生就是敏捷的。OKR 的时间周期通常是季度（如百度、华为）或双月（如字节跳动），很少有超过一年的。这就让 OKR 更加关注当下，因而非常适合去承接组织中长期的敏捷战略，从而确保组织既关注长期，也聚焦当下。

5.3.2 OKR 有效支撑敏捷战略的关键要点

要确保 OKR 有效支撑敏捷战略，必须做到以下 4 点。

（1）OKR 是目标管理工具，不是绩效考核工具。

很多组织错误地将 OKR 作为绩效考核工具，这会导致组织成员在制定目标时不敢突破和挑战，偏向保守，以确保目标在自己的掌控范围之内，从而让组织失去很大一部分活力。当一个目标要被考核时，没人愿意设定挑战目标，这是人之常情。因此，一定要让 OKR 回归目标管理本身，OKR 意在做大蛋糕，不要在蛋糕还没做出来时就总想能分到多少蛋糕。

（2）OKR 要有效支撑敏捷战略，不断推进敏捷战略的达成。

在制定 OKR 时，要始终问自己一个问题：这个 OKR 达成后，敏捷战略被向前推进了多少？虽然组织定的是双月或季度的 OKR，但要始终瞄准更加长期的敏捷战略，那才是组织要达到的终局。

（3）定期复盘。

OKR 强调要定期复盘，通常在 OKR 周期结束时，至少要结构化地做一次深度复盘。在复盘时，既要复盘 OKR 的达成情况，也要复盘敏捷战略。有时，外部环境已经发生变化，错误地朝原定战略方向去推进只会让组织离目标越来越远。

（4）借助 IT 工具连接战略与 OKR。

由于 OKR 需要频繁跟进，因此非常有必要拥有一款智能的 OKR IT 工具。

现今，市场上的 OKR IT 产品的功能已经非常强大，如飞书 OKR、北极星 OKR 等，可以基于企业自身需要选择一款。需要特别注意的是，要将 OKR 同敏捷战略连接起来，敏捷战略就像组织远航途中的北极星，指引着组织前进的方向，OKR 是过程中一个个的里程碑。

5.3.3　如何从传统战略演进到敏捷战略

敏捷战略的一大优点是更轻量、更灵活，兼具理性分析的力量与感性直觉的力量，它尤其适合动荡的商业环境。敏捷战略与传统战略的根本区别在于，前者是动态的、变化的市场观，而后者是静态的、稳定的市场观。

那么，如何才能实现从传统战略向敏捷战略演进呢？

首先，也是最重要的，企业的一号位要改变他的静态的、稳定的战略观。不要试图在一开始的时候就把事情做对。在从意识上做了这层转变后，就会自然而然地意识到传统战略的弊端：它花费了过多精力在做理性的事后分析，而缺乏了直觉、理想和勇往直前去探索的精神。关于这点，企业或许可以从爱迪生的故事中得到启发。爱迪生在发明灯泡时，曾尝试了 1 000 多种灯丝材料，但都失败了。一位同事问他是否觉得自己浪费了大量时间时，据说爱迪生轻快地反驳道："很难说，至少我已经发现了 1 000 多种不能使用的材料。"在实施敏捷战略的路上，我们需要有爱迪生这种敢于尝试的精神。害怕失败本身就是一种失败。在动荡、变化的商业环境中，我们要敢于失败。持之以恒地实施敏捷战略，组织一定要具备大无畏的创新精神。

其次，要转变 HR 的职能。HR 要深度走进业务场景之中，做业务战略共创的催化剂。HR 要能把核心领导者聚集在一起，把他们带到战略共创的场域之中，激发他们的理想主义精神，让他们的感性和理想主义在战略共创中得到最好的释放。HR 要帮助业务一号位开好战略共创会，以生成一个大致正确的战略，作为后续演进的基础。

再次，战略共创之后，要发挥好 OKR 的力量。战略聚焦于中长期，OKR 聚焦于当下。OKR 是承接敏捷战略的理想工具，它的 O 倡导理想主义精神，KR 则倡导脚踏实地的现实主义。要用 OKR 承接好战略实施。OKR 强调过程中要高频互动和持续复盘，在一次次的互动和复盘中，动态地回顾战略的正确性，不断地迭代战略、修正战略，让战略越来越正确，直到走向最后的胜利。换言之，战略优化和 OKR 实施过程是相伴相生的，在通过 OKR 向前推进战略的过程中，我们会对战略看得越来越清楚，也越来越有信心。

最后，要充分借助 IT 工具的力量。不少企业把战略和 OKR 做进了两个 IT 系统，战略是战略，OKR 是 OKR，做成了两张皮。这样做往往会让我们迷失在低头拉车的低级勤奋中，而没能注意到已经偏航。企业一定要将战略和 OKR 在一个 IT 系统中进行有效链接。战略和 OKR 不能分家，战略是 OKR 的前提，OKR 是战略的续集。战略要明明白白地悬挂于每个组织的 OKR 之上，成为每个组织制定 OKR 的指路明灯。战略可以被修正，但它必须首先被看见。

5.4　小结

传统的重型战略管理工具是工业时代的产物。在这个充满不确定性的时代，它显得有些过时了。过于笨重的身躯，拖慢了组织前进的步伐。需要拿出勇气，对它进行大幅瘦身，唯有如此，才能让组织变得更加灵动、更加轻盈。

本章提出了敏捷战略运作方式。敏捷战略奉行生物进化算法，它始于战略共创，从一个大致共识的战略设想出发，在真实市场环境中快速迭代，逐步演进为越来越贴合市场的完美战略。一言以蔽之，敏捷战略 = 战略共创 × 迭代进化。初始战略的美丑并没有那么重要，重要的是我们要能在过程中快速迭代进化。

敏捷战略生成后，需要更加具象的目标管理工具去承接，这一工具非 OKR 莫属。OKR 生而敏捷，它聚焦一年以内的目标，鼓励挑战，倡导目标共创和目标公开。OKR 是落地敏捷战略的绝佳选择。

敏捷战略和 OKR 若能有效协同，会让组织如虎添翼，既能看到远方，又能走好当下，无往不胜。

第6章

持续验证的新产品创设过程

进入数智时代后，市场上可选择的产品越来越丰富，价格越来越低廉。此外，伴随着数字技术带来的信息透明性，用户可以非常容易地获取到性价比更高的产品或服务提供商，企业不得不改变原有的"以己为中心"的方式，转变转变为真正以客户和用户为中心，将客户、用户和产品"黏"在一起。因此，必须让客户和用户参与产品的创设过程，并在创设过程中与客户和用户多次互动洞察他们的需求，持续验证产品是否解决了他们的痛苦。因此，这是一个持续探索和验证的过程。

需要注意的是，对于同一个产品，"用户"与"客户"可能不同，比如钉钉这种 To B 类产品，其客户是企业，而其用户是企业内的员工。为方便讲述理论，本章均以"客户"来讲解如何让客户或用户参与持续验证的产品创设过程。

本章的内容适合于敏捷团队从 0 到 1 创设一款新产品。如果企业已经有一款成熟的产品在市场上为客户所使用，现在想对产品进行优化，但是客户群体、产品的定位、产品的主体功能没有变化，那么可以跳过本章内容，直接采用第 7 章所讲述的迭代式工作方法。

6.1 理念：转变新产品创设的思维和过程

很多企业的新产品创设的过程属于预定义过程，即预先定义好客户群体和产品的定位，然后列出产品的功能清单，技术可行性分析完成后开始研发。在产品发布给客户使用前，与客户的交互很少。在这个过程中存在大量的没有验证的假设。预定义过程适合于创造那些简单、确定、不需要探索的复制性产品，而对于新产品来说，预定义过程不再奏效，我们必须转变新产品创设的思维和过程。

6.1.1 浪费的代价

采用预定义流程创设新产品往往浪费巨大。某世界 500 强跨国电信巨头，在中国设立研究院专做创新产品的研究，该研究院研究团队由大量博士、博士后构成。他们的创新项目采用图 6-1 所示的流程，每年年底评审项目的时候，大概有一半以上的项目因为没有达到预期而取消。

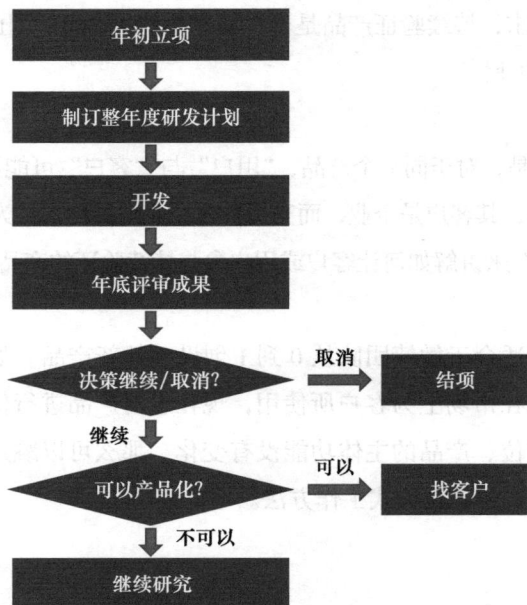

图 6-1 传统的创新项目流程

很多大企业都在采用类似的预定义流程做产品创新，一个创新项目需要等待至少一年的时间才能真正到客户中去验证其价值，其实完全可以更早地验证项目是否值得继续投入。

6.1.2　新产品创设的过程

从产生一个创意（A 点）开始到推出一款受客户喜爱的新产品（B 点），貌似是简单的从 A 点到 B 点的直线过程（见图 6-2），但事实上从来没有这样简单过。尤其是在数智时代，我们面临着更多的市场不确定性，新产品的创设往往会遇到以下困难。

- 不清楚客户在哪里，或者我们以为的客户群体未必是真正有效的客户群体。

- 我们收集的客户需求可能是伪需求，因为客户经常自己也不能准确说出想要什么。

- 我们难以保证设计的新产品能够有效解决客户的问题，虽然历经千辛万苦推出新产品，但是客户并不为我们的新产品所动。

A：最初的创意　　　　　　　　　　　B：受客户喜爱的新产品

图 6-2　我们假想的新产品创设过程

除以上困难，还有其他的不确定性，比如，在推出新产品的路上可能会遇到因市场变化而导致客户需求变化或者竞争对手推出了更加受客户喜爱的新产品的问题。因此，新产品创设的过程必定是一个曲折、复杂而艰难的过程，如图 6-3 所示。我们只有全程让客户参与新产品的创设，快速地用客户的反馈来验证我们的创意、验证我们的产品设计，才能够将产品失败的风险降到最低。

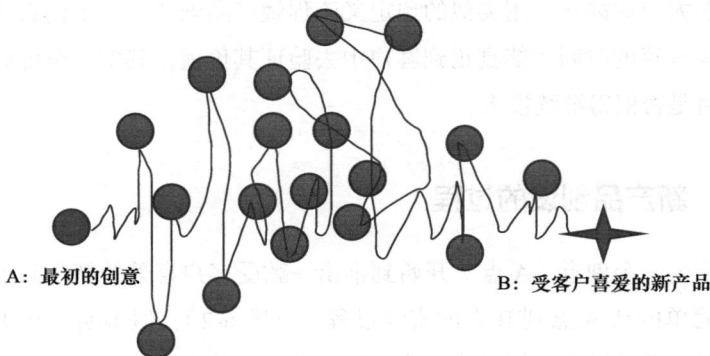

A：最初的创意

B：受客户喜爱的新产品

图 6-3　实际的新产品创设过程

6.1.3　持续验证的新产品创设原则

持续验证的新产品创设原则包括以下方面。

- 始终以客户为中心，而不是以自己为中心。我们始终要了解使用产品或服务的人，洞察他们的需求和愿望，切忌以己为中心主观臆断客户的需求。

- 团队共创，而不是依赖个别人创设新产品。一个人的思维具有局限性，创设一款客户喜爱的新产品需要集思广益，包容各种不同的声音，集体头脑风暴，每个人都从别人的创意中获得灵感。

- 持续验证，而不是预定义产品。我们需要请客户持续参与到新产品的创设过程中，反复验证客户待解决的问题及我们的解决方案，持续更新我们对客户和市场的认知。这样做是为了及早纠正我们的认知错误，避免风险，并对创意建立信心。

- 领导者鼓励团队小步试错，而不只是下命令执行。领导者需要培养团队学习新技能的能力，鼓励团队设计一系列试验性解决方案带到客户中去验证，并给团队时间和空间来探索创意。如本书第 4 章所述，领导者需要向敏捷领导力进化。

在遵循这些原则的前提下，我们将新产品创设的过程划分为不同的阶段。

6.1.4 新产品创设的阶段

采用持续验证的方式创设新产品都会经历两个阶段：概念阶段和 MVP 阶段。

1. 概念阶段

概念阶段是为了让我们提供的解决方案与客户的问题适配。在这个阶段，企业针对选定的某一细分客户群体，探索他们需要解决的问题，并设计产品方案解决他们的问题。在概念阶段，遵循客户参与新产品创设全过程的原则，新产品创设需要完成两个领域——客户的问题领域和我们解决客户问题的解决方案领域——的探索，如图 6-4 所示。

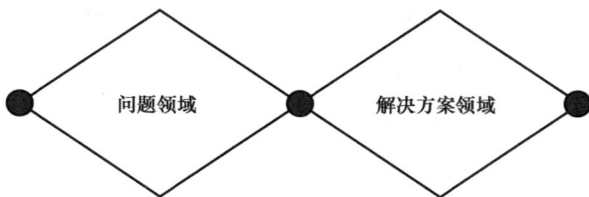

图 6-4 问题领域和解决方案领域

客户需要解决的问题存在于问题领域。这个问题可能很严重，也可能很轻微。在表现形式上，问题可能是一个痛点，也可能只是一个让体验更好的期望。亨利·福特（Henry Ford）曾经说过一句话：如果我当初问人们想要什么，他们只会告诉我想要更快的马。很多人都喜欢引用这句话来证明客户说不出自己的需求。其实，这句话隐含了客户提出了希望解决的真正问题：

现在的交通不够快。而现有的解决方案正好是"马"，"马"正属于解决方案领域，"现在的交通不够快"才属于问题领域。这个例子说明，我们不能期望客户告诉你解决方案，客户要的不是你的解决方案，而是要解决他们的问题。

在现实中，我们犯的错误往往是拿着锤子找钉子，即从解决方案领域开始做产品，而不是从问题领域出发。例如，当我们看到了竞品，或者想到了一个产品创意，抑或领导有了一个想法，我们就非常自信地认为客户也需要这样的产品。我们以为自己比客户更加懂他们的问题，却没有和客户互动去证实问题领域。很多失败的产品都是这种闭门造车创造的"自嗨型"产品。

避免创造"自嗨型"产品的关键办法是：我们从诞生创意的第一时间就走出办公室，到客户的场景中去，沉浸在问题领域，研究客户的问题，并调研他们现有的解决方案是什么，他们喜欢现有的解决方案的哪些地方、不喜欢哪些地方，然后针对问题设计解决方案。

2. MVP 阶段

采用持续验证的方式创设新产品的第二个阶段是 MVP 阶段。MVP 阶段是为了让我们的产品和市场适配。在这个阶段，企业设计一系列的最小可行产品，验证产品是市场所需要的、客户有强烈的意愿下单购买的产品，且企业所采用的商业模式也是可行的。MVP 验证是一个循环过程，如图 6-5 所示，共有 5 个步骤。

（1）构建。第一个 MVP 是团队根据概念阶段的原型构建的。在第一个 MVP 上市后，团队根据客户对第一个 MVP 的反应来构建第二个 MVP。MVP 的范围要选择那些最需要验证的不确定性来构建。比如，核心功能、商业模式、触达客户的渠道等。MVP 需要简单且小巧，并且针对第一批目标客户。切记追求 MVP 尽善尽美，MVP 验证重在以最小的成本、最短的时间验证不确定性，因此 MVP 验证是不断迭代的循环。

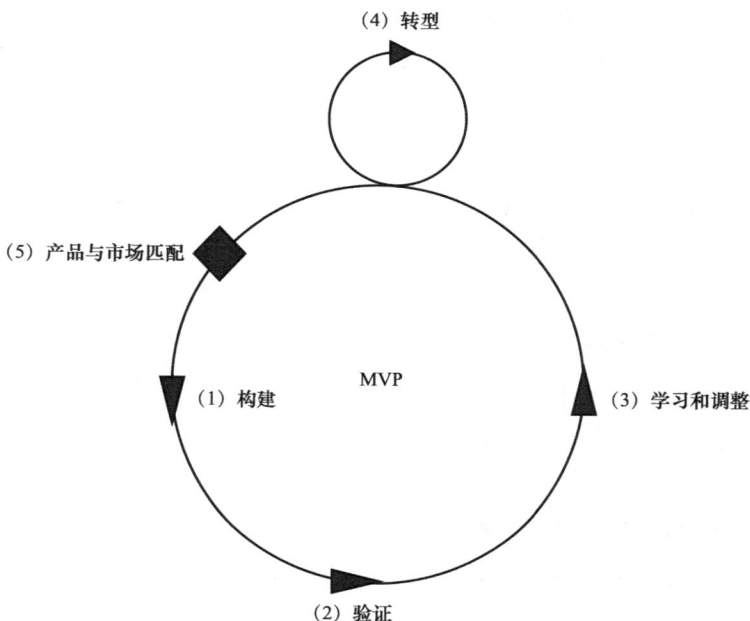

图 6-5　MVP 验证循环

（2）验证。团队将带有明确的验证目标的 MVP 发布到市场，深入客户群体，通过收集数据以及观察客户对产品的反应等方式开展验证活动。

（3）学习和调整。团队通过步骤（2）获得了对市场和客户的认知，做出调整产品或商业模式的决定，可能会返回步骤（1），继续下一个 MVP 验证循环，也可能会抛弃现有的 MVP 方向，即进入步骤（4）。

（4）转型。在 MVP 验证过程中如果发现方向需要重大调整，就需要对产品进行转型，掉转船头重新设计产品的方向，不要吝惜已有的投入。在决定转型后，重新设计 MVP，进入步骤（1）。

（5）产品与市场匹配。MVP 验证循环进行，经过多次迭代升级，达到产品与市场匹配。

下面将通过某金融机构的一款工资理财产品的创设过程来讲述采用持续验证思维进行新产品创设的整个流程。

案例背景

该金融机构负责代发工资业务的敏捷团队，队名为"飞虎队"，全权负责该企业代发工资业务的营收增长和客户留存。所谓代发工资业务，是将委托单位向本单位职工发放的工资、奖金等收入，通过转账划入指定职工在银行开立的活期储蓄账户内的一项业务。每个企业都是某一家银行的代发工资业务的客户，而企业里的每一个员工是银行代发工作业务的用户（为方便介绍，不管是"客户"还是"用户"，后面都统称为"客户"）。

飞虎队的上级业务主管想推出一款专门针对代发工资客户的专属理财产品，因为代发工资业务的很多客户在收到自己所在企业支付的工资后，选择不继续将工资留在银行账户里，而是转走或者绑定了支付宝、微信、京东、美团等消费平台，从而导致代发工资客户在该银行的资金留存量变少。在互联网金融的冲击下，这是每个传统金融机构面临的难题。飞虎队的期望是通过创设一些新产品，吸引客户将一定量的资金留存在本行。

如果按照这家金融机构过去创设新产品的习惯，当业务主管看到其他金融机构推出了一款比较好的理财产品时，应该马上推出一款类似的产品。幸运的是，该金融机构开始了业务敏捷转型之旅，飞虎队遵循了持续验证创设新产品的理念。6.2 节将详细阐述该案例的概念阶段。

6.2　概念阶段：问题与解决方案适配

在概念阶段，我们需要经过两个领域（问题领域和解决方案领域）的探索，最终达到我们提供的解决方案与客户的问题适配。问题领域和解决方案领域都是持续探索的过程。

6.2.1　新产品创设的探索步骤

如图 6-6 所示，在概念阶段，新产品创设共分 4 个探索步骤，通过这 4 个步骤我们能够完成对问题领域和解决方案领域的探索。

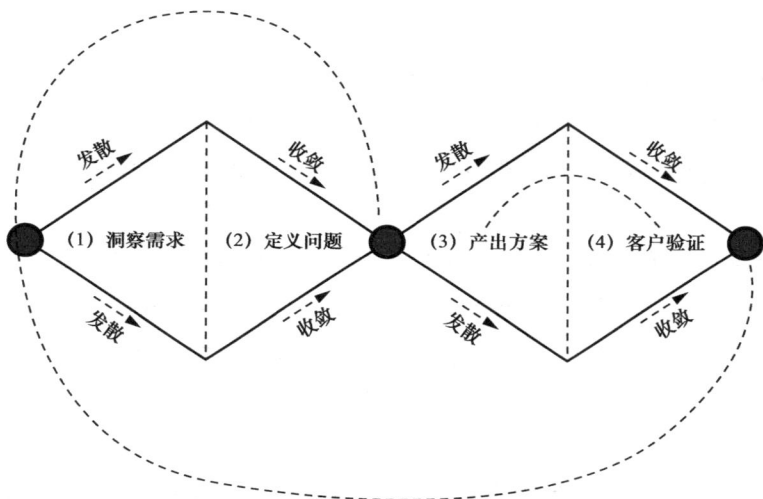

图 6-6　新产品创设的探索步骤

注：图片改编自 Design Council 网站，Design Council's evolved Double Diamond，2019 年 5 月。

（1）洞察需求。通过访谈目标客户群体、观察客户的行为等方式挖掘客户需要解决的问题。这是一个从多个客户、采用多种方式收集信息的过程，属于发散性思维的步骤。

（2）定义问题。在完成步骤（1）后，需要对听到的客户声音以及对客户行为的观察进行汇总、讨论和分析，从大量繁杂的信息中归纳和提炼出需要的信息，对客户群体画像，以及定义要解决客户的哪些问题，这是一个收敛性思维的步骤。

在定义问题的过程中，可能需要多次回到步骤（1），再次深入客户开展调研以求证某一个问题，从而加深对客户问题和场景的认知，然后修正步骤

（2）的产出，更新我们对客户画像和客户问题的理解。

（3）产出方案。在完成步骤（2）后，我们需要针对客户要解决的问题共创产出解决方案，这又是一个通过发散性思维设计出多个解决方案的过程。

（4）客户验证。在完成步骤（3）后，我们将共创产出的一个或多个解决方案做成原型，重新回到客户身边，请客户使用我们的原型，从而验证我们的解决方案是否解决了他最初的问题。这是一个收敛性思维的步骤。

步骤（3）和步骤（4）一起完成了对解决方案的探索，这其实是一个迭代式过程，可能会经过多个轮次的客户验证→优化解决方案的循环，完成对解决方案的探索。而在进行步骤（4）的过程中，可能也会返回步骤（1），再次调研客户，求证我们对客户问题的认知。

因此，整个新产品创设的过程经历了多次发散→收敛的迭代式循环，逐步让我们创设的解决方案与客户真正的问题逼近。

6.2.2 节～ 6.2.5 节将详细展开介绍每个步骤。

6.2.2　洞察需求

1. 细分客户群体

我们做产品经常犯的错误之一是客户群体太宽泛，尝试为所有人打造产品。事实上，尤其是在产品刚推出的时候，一定是面向某一个细分的特定人群。如果客户群体太宽泛，会导致需求分散，客户对我们创造的产品没有强烈的感受。

飞虎队最初对客户群体的设想是：所有代发工资业务的客户都是目标客

户。这样客户可能是从刚参加工作直到退休前一直领工资的人，还有一些退休后继续领取单位退休工资的老人。这样的客户群体太宽泛，他们对于理财方面的喜好以及在资金方面的忧虑各不相同。因此，必须细分客户群体。客户群体细分理论上有以下 4 种方法。

- 按照人口特征：包括年龄、性别、收入、种族等。

- 按照地理特征：包括国家、气候、人口密度等。

- 按照心理特征：包括兴趣、喜好、价值观等。

- 按照行为特征：比如，对于投资类的金融产品来说，其目标客户群体可以分为投资保守型、激进型、稳健型，这几个类型的客户群体会选择投资不同风险程度的金融产品。

不论按照哪种特征，都可以为细分客户群体提供变量，让我们能够从人群中区分出他们是否是我们的潜在目标客户。推荐一开始先从行为特征入手，识别出潜在目标客户群体关于我们所经营业务的行为特征，然后再结合其他细分方法，分析他们的人口特征、地理特征、心理特征等，从而让我们更加精准地找到这些人。如果一开始先采用人口特征、地理特征等，而没有与业务结合，会导致定位客户像是大海里捞针。

采用行为特征法细分客户群体需要思考一个问题：对于我们的业务领域，客户的哪些属性会影响他们的行为？在金融领域，对于一个普通老百姓而言，他的行为有 4 种——存款、消费、贷款、投资。因此，飞虎队把这个问题具象化后，提炼出这样一个问题："作为一个按月领取工资的企业员工，我的哪些特征属性影响了我的存款、消费、贷款和投资的喜好？"

细分客户群体是一个非常烧脑的过程，需要团队一起共创讨论，单凭一个人思考，容易陷入死胡同。飞虎队全员头脑风暴，分析出以下影响代发工资客户金融行为的特征。

- 是否勤于主动投资，指的是客户是否有高频次地购买理财产品或其他金融产品的行为习惯。

- 是否有钱投资，指的是客户的每月固定工资去除还贷以及刚需消费后的资金，是否还有一定剩余资金用于投资。

- 是否有投资理财知识，指的是客户是否有足够的知识帮助他做出购买金融产品的决定。

其中，"有理财知识"这个特征与"懒于主动投资"具有互斥的关系，如果一个人勤于主动投资，那么他是具备一定的投资理财知识的。因此这些特征一共可以细分出以下 4 类客户群体，如图 6-7 所示。

（1）有钱投资 - 有理财知识 - 勤于主动投资。

（2）有钱投资 - 没有理财知识 - 懒于主动投资。

（3）没钱投资 - 没有理财知识 - 懒于主动投资。

（4）没钱投资 - 有理财知识 - 勤于主动投资。

接下来，团队采用排除法，排除掉那些非首要目标客户的群体。以上 4 个客户群体中第（3）（4）类客户群体每月可用于投资的资金不宽裕。由于飞虎队的业务目标是将客户资金更多地留存在银行里，因而他们不是业务经营的首要客户群体。

但这样还是不够聚焦，应该继续排除。对于第（1）类客户，他们具备理财知识，勤奋地主动研究和寻找金融产品进行投资，那么这类客户很难留住，因为市场上有太多的金融产品供他们选择，他们一定会积极地寻找更加符合自己需求的投资渠道。所以相对而言，第（2）类客户更加容易留存。因此，飞虎队将首要的目标客户群体定位为第（2）类客户：有钱投资 - 没有理财知识 - 懒于主动投资。

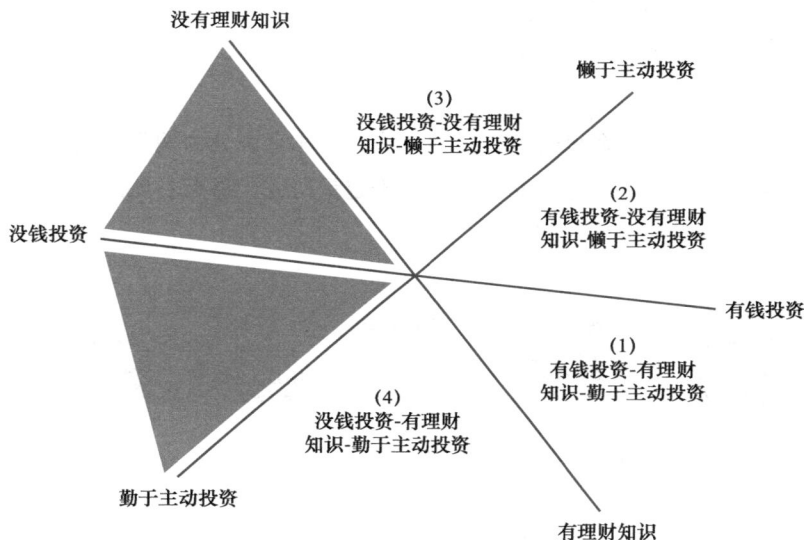

图 6-7　客户群体细分

到现在我们虽然分析了目标客户群体的行为，但还不知道符合这些行为特征的人在哪里，需要借助其他细分方法来让这些人的显性特征浮出水面，比如他们的年龄、工资范围、职业等。例如，对于筛选符合"懒于主动投资"这一特征的客户，可以初步排除退休职工，因为他们有时间去琢磨和对比各种金融产品；再比如，对于筛选符合"没有理财知识"这一特征的客户，可以初步排除金融类企业的员工，因为他们具备专业的理财知识；又比如，对于筛选符合"有钱投资"这一特征的客户，可以根据代发企业工资额度的平均水平排除低收入的企业。

2. 客户研究

细分客户群体后，我们需要深入目标客户群体研究他们有什么问题需要解决。客户研究不仅是产品创设阶段的重要活动，还是贯穿整个产品生命周期的活动，在不同的阶段，客户研究的密集程度和侧重点有所不同。在概念阶段，客户研究侧重于挖掘客户的问题，并验证设计的解决方案是否满足客户的需求；在 MVP 阶段，客户研究侧重于研究客户对 MVP 的反应；在优化与运营阶段，客户研究侧重于研究客户对产品的优化意见，以及跟踪业务增长数据。

如图 6-8 所示，客户研究有多种方法，总体来说分为两类：定量研究和定性研究。图 6-8 中靠近左侧的方法属于定量研究，靠近右侧的方法属于定性研究。以下是两者的区别。

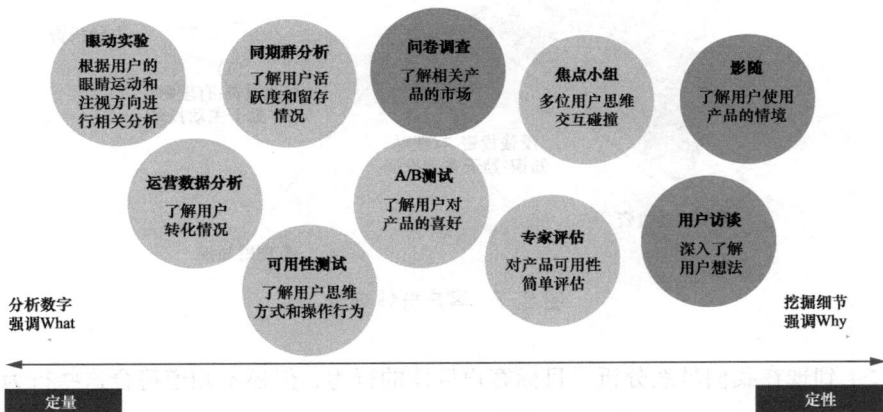

图 6-8　客户研究方法

- 定量研究：依靠分析数字来获得对客户的理解。定量研究能够帮助我们揭示现象，但是不能告诉我们现象背后的原因。定量研究的方法主要有问卷调查、A/B 测试、同期群分析、运营数据分析、眼动实验等。

- 定性研究：以深入了解客户行为背后的动机为目的的研究。定性研究的方法主要有影随、用户访谈、焦点小组、专家评估等。

　　在产品生命周期的不同阶段可以多种方法结合使用。在产品创设的早期，我们对客户了解少，这时候需要采用定性研究方法，深入了解客户行为背后的动机。

6.2.3　定义问题

1．制作客户画像

　　经过深入的客户研究后，我们详细地勾勒出细分的客户群体的特征，这需要使用客户画像技术。客户画像（persona）是根据客户的社会属性、生活习惯和消费行为等信息抽象出的某个客户群体的细节特性描述。客户画像可采用图 6-9 所示的模板。

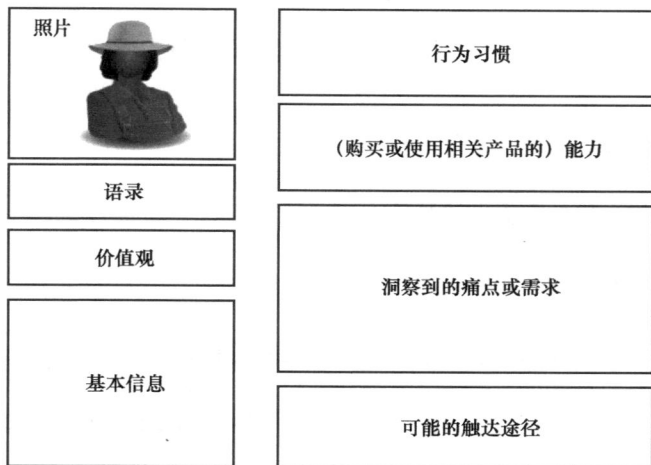

图 6-9　客户画像模板

客户画像有以下 3 个作用。

- 与客户产生共鸣：客户画像帮助团队站在客户的角度去理解痛点，达到感同身受，从而帮助团队更有效地设计合适的产品方案。

- 营销更加精准：产品上线后通过利用真实客户使用产品的数据进行数字化建模，有助于团队设计更加精准的营销手段。

- 促成意见统一，提高效率：客户画像帮助团队构建一个精确的客户形象，出现意见不一致时，让每个人都优先考虑大家共识的客户所面临的问题，而不是争论不休。

在洞察需求阶段，从大量客户研究的信息中抽象、提炼出客户画像是一个非常有挑战性的事情。具体该怎么做呢？我们推荐一个高效地创建客户画像的流程。

（1）收集客户调研的发现并以主题归类，合并相同和类似的发现。

（2）依据以下内容，在不同客户间甄别共同的行为模式。

- 他们共同的特征是什么？

- 他们类似的行为模式是什么？

- 他们遭遇到的相同挑战是什么？

- 他们关于我们的业务领域是否有共同的喜好？

（3）创造客户群体的代表，包含名字、照片、语录、行为模式。

（4）专注最高优先级的客户群体，即解决这些人的痛点会带来最大的影响。当然我们会希望很多人使用我们的产品，但 MVP 应首先专注于带来最大影响的那一批客户。

（5）与其他利益相关者分享客户画像，他们的反馈可能会提醒我们需要再次回到客户调研的某一个场景或问题，以让客户画像更加准确。

　　飞虎队在客户调研后，对所有的客户进行抽象、提炼，创建了 4 个客户画像，分别覆盖 4 类客户群体。通过一周的客户调研，让团队坚定了围绕第（2）类客户群体"有钱投资–没有理财知识–懒于主动投资"创设产品的想法。

2. 痛点排序

　　洞察需求后，团队会收集到客户需要解决的很多问题。通常不能立即解决所有的问题，能解决所有问题的产品也会让客户失去焦点，我们必须有所取舍。因此，需要对客户的问题进行分析，识别出当前最需要我们解决的问题。

　　那么如何判断客户反馈的问题对他来说有多重要呢？我们每个人可能都有过这样的经历：客户口头上说某个问题让他非常困扰，他一直期待合适的解决方案，但是当我们把解决这个问题的产品摆在他面前时，他又不去使用。为什么会这样呢？因为客户通常没有意识到那个问题并没有他以为的那么重要，或者客户已经习惯了当下已有的解决方案，而改变现有的习惯并不容易。因此，我们不能完全相信客户的话，要借助一些模型深入分析问题，从而真正理解客户待解决的问题有多重要，图 6-10 是问题分析模型之一。

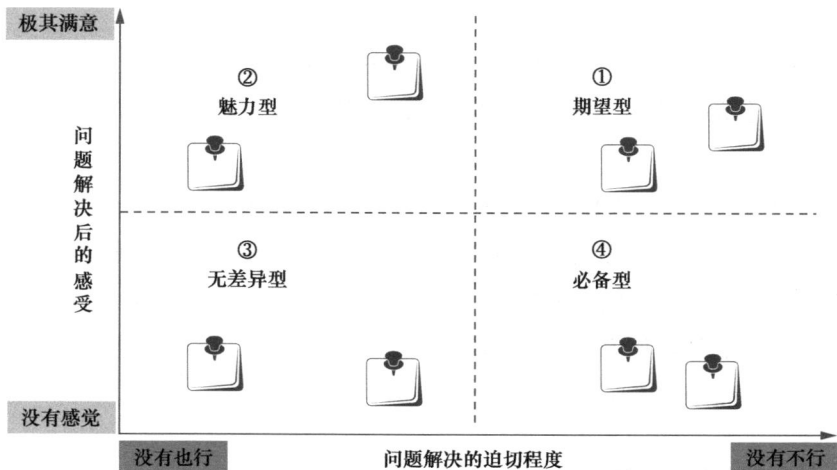

图 6-10　问题分析模型

横轴是客户对待解决问题的迫切程度，越向右越迫切；纵轴是问题解决后的感受，越向上越满意。团队将在客户调研中收集的问题分别放置在相应的区域。

（1）区域①：指的是那些必须要解决的问题，属于刚需，且解决的程度越好，客户满意度越高。这类需求称为"期望型需求"，客户的满意度与问题的解决程度呈线性增长。

（2）区域②：指的是一些不是刚需的问题，但是一旦解决会让客户极其满意；而如果不解决此类问题，也不会降低客户的满意度。这类需求称为"魅力型需求"。如果产品解决了此类问题，一般会提升在同行产品中的竞争力。

（3）区域③：指的是那些无论是否解决，客户的满意度都不会改变的问题，即可有可无的问题。这类需求称为"无差异型需求"，产品中要尽量避免。

（4）区域④：指的是那些必须要解决的基本问题，不满足此类需求客户的满意度会大幅降低。这类需求称为"必备型需求"，产品中要优先解决。

分析完客户的问题后，对这些问题进行优先级排序。排序的总体原则是：首先，必须做好必备型需求，这是产品能够被客户使用的基本前提；其次，解决期望型需求，这是让客户对产品有较高满意度的基础；再次，努力做好魅力型需求，能够使产品满意度呈指数级增长；最后，抛弃那些无差异型需求，不在无价值的工作上浪费资源。

3. 清晰定义问题

问题排序后，我们就可以选择出优先级最高的几个问题来解决。对于决定要解决的问题，我们需要总结出一个清晰的定义。如果问题的描述是含混不清的、模棱两可的，那么每个人都会产生不同的理解，就无法正确地为问题设计解决方案。清晰定义问题的意义就在于让团队成员对要解决的问题有完全一致、十分准确的理解。问题的定义不能过于宽泛，也不能过于狭窄。定义问题的时候思考以下 3 个维度。

- What：问题具体是什么？

- Who：为谁解决问题？

- Why：为什么客户一定要解决这个问题？

一个可行的模板是 HMW（How Might We）问题定义模板，如图 6-11 所示。

图 6-11 HMW 问题定义模板

飞虎队在进行客户研究以及对痛点排序后，采用 HMW 问题定义模板来定义问题，修改多次后，最终的问题定义为："我们如何帮助那些懒于理财的代发工资客户轻而易举地让工资产生收益，从而让他们不费力就实现资产增值？"这个问题的定义让产品创设有了明确的针对性。

6.2.4 产出方案

1. 共创产生点子

定义好问题后，由于解决同一个问题的方案不止一个，因此需要采用头脑风暴的方法，群体共创，发散出更多的点子，只有点子的量足够多才有可能筛选出最好的解决方案。

头脑风暴产生点子的过程遵循以下原则。

- 不怕疯狂愚蠢。人们经常受限于自己的固定思维模式和认知水平，提出的点子很难有创造性，而且也害怕提出的点子被同事笑话。因此需要构建一个开放的场域，鼓励人们突破思维框架，不怕提出的点子让人觉得疯狂或者愚蠢，才有可能迸发出真正有创意的点子。

- 数量胜过质量。这个阶段是产生原始的点子，下个阶段团队会对原始的点子进行加工和打磨。因而，这个阶段的重点是产生尽可能多的点子，而不在于点子有多高明。

- 推迟判断。批评会扼杀有创意的点子，因此在头脑风暴过程中，批评任何一个点子都是绝对禁止的。此外，这个阶段不对点子进行讨论或评估，只有一个目的：产生尽可能多的点子。

2. 甄选解决方案

经过头脑风暴后，一般会产生大量的点子，接下来需要对散乱的点子进行收敛和筛选，直到决定采纳哪些点子。首先挑出与问题不匹配的点子，剩下的都是在解决问题的范围之内的点子。如果有多个点子指向了同一个解决方案，需要对这些点子进行去重；如果多个点子相似但是不完全一样，需要对它们合并同类项。

接下来，采用可行性－收益矩阵来甄选解决方案，如图6-12所示。

所有点子都可以分布在4个区域。

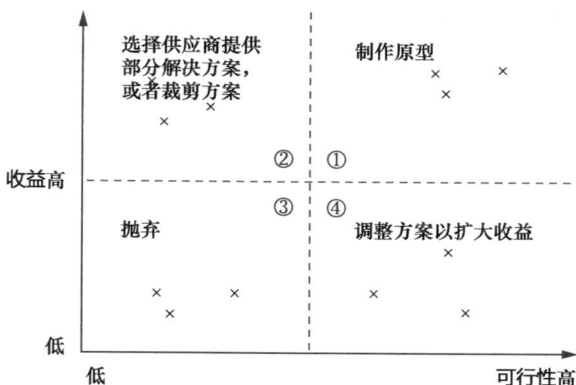

图6-12 可行性－收益矩阵

- 区域①：指的是那些收益高、可行性也高的点子。对于这些点子，我们应该制作原型，开展客户测试，以验证这些点子对于解决客户问题的有效性。

- 区域②：指的是那些收益高但是可行性低的点子。对于这些点子，我们可以寻找合适的供应商提供部分解决方案，或者对解决方案进行裁剪，留下可行的解决方案。

- 区域③：指的是那些收益低、可行性也低的点子。对于这些点子，我们没有什么可吝惜的，它们不值得我们继续投入。

- 区域④：指的是那些收益低、可行性高的点子。对于这些点子，我们可以继续头脑风暴，想想方案是否可以调整，以获得更多的收益。

通过可行性－收益矩阵，我们选择出那些高收益和具备可行性的点子。但是还没有结束，任何产品的诞生都离不开公司的环境，这是我们不得不面对的事实。我们需要判断甄选出的点子是否符合公司创设产品的指导原则，可以采用决策矩阵来甄选最后胜出的点子，如图6-13所示。

点子	点子1	点子2	点子3	点子4	点子5	点子 n
指导原则1举例：符合法律、法规、行规	√	×	×	√	×	√
指导原则2举例：符合公司愿景、价值观、文化	√	×	×	√	×	√
指导原则3举例：符合公司商业战略	√	×	×	√	×	×
指导原则4举例：符合市场趋势	×	√	√	√	√	×
指导原则5举例：符合我们的业务目标	×	√	√	√	√	×

图 6-13　决策矩阵

淘汰决策矩阵里任何一个与指导原则不符合的点子，留下那些符合所有指导原则的点子，就此决定采用哪个解决方案来解决客户问题。

6.2.5　客户验证

1. 设计产品原型

决定尝试点子后，我们不应该直接去找客户问他觉得这个点子怎么样，因为客户还没有看到点子的具体方案，只能通过想象来感觉这个点子是不是能够解决他的问题，而想象和感觉不足以作为决策的依据。因此，我们必须把点子落地成具体可见的解决方案，让客户亲自看到甚至体验解决方案。这一步通过原型来实现。

在产品的整个生命周期内都可能会用原型作为工具，实现用原型来验证客户需求和解决方案、沟通需求、为开发提供设计输入等目的。在产品创设阶段，原型的目的只有一个：验证解决方案是否解决客户的问题。原型有很多种，对于数字化产品可以用原型创建工具制作高保真的人机交互原型，对于机械产品或硬件可以采用 3D 打印技术等制作产品原型。有些产品难以制作高保真原型，比如建筑类产品等，则可以采用 VR 技术让客户感受解决方案。

注意不要花过多时间制作原型，制作原型的目的是验证我们设计的解决方案与客户的问题是否适配，因此花在构建原型上的时间越长，就会对想法产生越多的情感依恋，从而阻碍我们客观地判断想法的价值。迅速构建原型后，我们请客户体验原型，根据客户的反馈意见，可能对原型进行优化，也可能抛弃原型，重新创建解决方案后再次带着新的原型到客户中验证，这样多次循环，直至最终达到解决方案与客户的问题适配。

2. 开展客户测试

在客户测试过程中，即使客户认可我们创建的解决方案能够解决他的问题，也要关注解决方案与客户现有的产品相比是否有超越性的优势。无数失败的产品证明，客户的习惯是非常强大的力量，如果一个新产品只比客户现有的产品超出一点点，不足以让客户愿意替换其现有的产品，因为客户已经习惯了现有的产品，即便它不是那么令人满意。

最后，让我们对整个概念阶段的产品创设过程进行总结。产品创设的整个过程是团队共创并且与客户深度互动的过程。概念阶段，产品创设过程的每个环节开展的活动如图 6-14 所示。

在概念阶段结束的时候，团队询问自己以下 3 个问题，反思是否达到了问题与解决方案适配的状态。

（1）你的解决方案是否是客户想要的？

（2）客户是否愿意为你的解决方案掏钱？

（3）客户将其现有的产品替换成你的解决方案的意愿是否强烈？

只有以上 3 个问题都是肯定的，才可以进行下一个阶段：MVP 阶段。

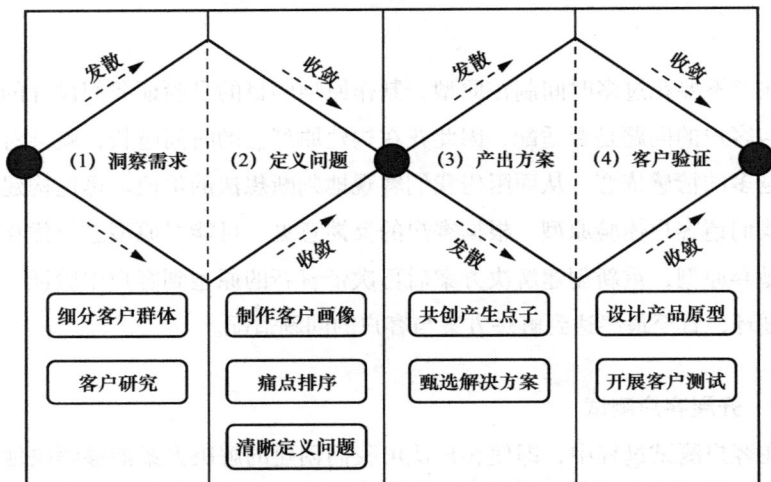

图 6-14　概念阶段的产品创设过程

6.3　MVP 阶段：构建验证反馈环

MVP 的核心理念是，当有了一个产品概念之后不急于投入大量资源开发实现产品的全部功能，而是先开发一个提供产品核心价值的 MVP，将其带到目标市场去验证产品与市场的匹配度，然后依据市场的反应来修正产品，最终达到产品与市场适配。MVP 是用最快的方式、以最少精力完成的可以进行一次"开发—测试—认知"反馈循环的实验性产品。我们会设计很多个 MVP，经历多次验证循环。

6.3.1　为什么需要 MVP 验证反馈环

为什么在概念阶段后，还需要采用 MVP 验证反馈环？因为虽然已经实现了问题与解决方案适配，但产品仍旧有以下不确定性。

- 客户是否会购买产品并不确定。虽然测试结果证明客户对我们的解决方案感兴趣，有意愿购买，但是，愿意购买与真正采取行动购买仍旧有很大差距。只有把产品投放到市场上后，才能知道客户是否真的会从众多竞品中选择购买我们的产品。

- 产品的商业模式不确定。在探索产品的问题领域和解决方案领域的阶段，我们还没有策划产品如何收费、成本会花在哪些地方、盈利模式是什么。只有真正将产品投放到市场上才能验证收费模式、成本结构是否合理。

- 产品的获客渠道不确定。虽然在概念阶段我们绘制了客户画像，而且分析了目标客户的触达方式，但是客户画像是随着我们对市场的了解而渐进明晰的，在真正把产品投放到市场上后，才会发现性价比最高的获客渠道。

我们需要尽快把产品投放到市场才能够消除这些不确定性。如果按照传统的产品开发方式，经过很长的周期把产品做得尽善尽美后才发布，这样做风险太高，一旦产品不受市场欢迎，不仅浪费了大量的时间和成本，更大的隐性代价是可能错过推出正确产品的市场时机。采用 MVP 验证反馈环可以用最低的成本、最短的时间验证产品与市场的匹配度。

6.3.2　开展 MVP 验证

在 MVP 上市的第一时间，我们就需要深入客户，验证 MVP 的有效性。团队在发布 MVP 后，经常满怀期待，梦想这是一个大量客户抢着下单的爆款，幻想着客服人员的电话不断响起以接待咨询产品的客户。然而在实际中，第一个 MVP 就是爆款的情况罕见，每个产品都需要经过无数版 MVP 的打磨。我们也不需要对第一个 MVP 大张旗鼓地进行宣传，因为我们需要验证的是产品的市场价值，在市场价值还没有得到验证之前，没有到大规模获客的阶段。

很多团队开展 MVP 验证没有系统的策划，急匆匆地把 MVP 发布到市场上，等着看有多少人下单。若没有多少人下单，团队便开始失望，怀疑产品的定位和商业模式不可行。殊不知，开展 MVP 验证也要有步骤、有计划地进行。一般来说，分为设计验证大纲、开展验证工作、分析客户反馈及数据、规划下一轮 MVP 共 4 个步骤。以下详细展开介绍。

1. 设计验证大纲

可以采用图 6-15 所示的 MVP 验证大纲系统地策划验证工作。

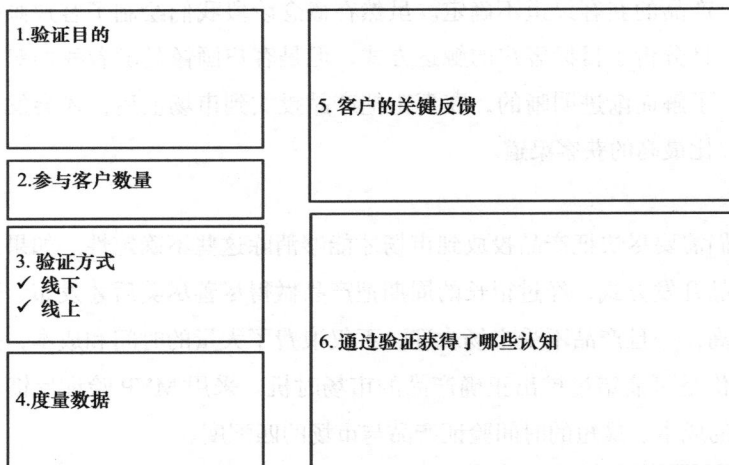

图 6-15　MVP 验证大纲

其中，每一项的内容如下。

（1）验证目的。每次验证之前，首先要明确需要验证的不确定性是什么。在产品与市场适配阶段，首要验证的不确定性可能会包括产品的价值、客户的触达途径、产品的定价合理性以及产品业务流程的合理性。一次验证活动获得的信息不可能消除以上所有的不确定性，需要分多次验证。因此，每次验证活动都需要聚焦，针对目的策划验证活动。

（2）参与客户数量。在产品上市的早期阶段，团队经常发愁没有海量的客户参与验证。虽然大客户量能够增加团队对验证结果的信心，但是在 MVP 阶段不需要成千上万的客户量就足以反映问题。客户数量可以随着验证的轮次递增，由少至多。对于第一个 MVP，几十到上百个客户量样本足以给我们有价值的信息。

（3）验证方式。在概念阶段，我们采取了面对面客户访谈，通过定性研究的方式请客户体验产品原型、收集客户意见。在 MVP 阶段，客户访谈仍然不可缺少，因为这种方式能够帮助我们了解客户购买或者不愿意购买的背后原因。但是，同时要采取定量的研究方式，才能够使验证结果有量化的数据。

（4）度量数据。结合验证目的收集度量数据。如果 MPV 要验证的是产品对客户的价值，则需要收集客户转化数据，比如客户的注册量、下单量、转化率等；如果要验证的是客户的触达途径，则需要收集触达目标客户有效性的数据，比如产品曝光量、产品浏览量、从曝光到浏览的转化率等相关数据。

（5）客户的关键反馈。在做客户访谈的过程中，要记录客户的反馈；如果采用的是线上验证方式，客户通过客服或者在线平台对产品的评价、咨询问题等需要小心记录。验证结束后，我们从众多客户的反馈中提炼出那些关键的反馈记录在大纲中。

（6）通过验证获得了哪些认知。团队在验证结束后一起回顾总结，通过这轮验证活动学习到了什么。

2. 开展验证工作

开展 MVP 验证的目的是验证不确定性，不是冲刺销售目标，因此切忌在开展验证活动的时候向客户兜售产品。相反，我们应该平淡地介绍产品，然后观察客户的反应。每一次开展面对面访谈时都记下访谈纪要。图 6-16 所示为飞虎队设计的 MVP 验证纪要模板。

客户基本信息：
与客户画像的相符度：
解决方案1：随时存——客户可自主设置工资自动转存金额、转入时间，自己选择基金产品 对客户的重要性：非常重要/一般/无所谓　　　　客户使用的反馈：
解决方案2：智能荐——系统自动识别并为客户推荐前一日收益较高的基金产品。产品整体预期年化收益高于同期同类产品。 对客户的重要性：非常重要/一般/无所谓　　　　客户使用的反馈：
解决方案3：随时花——客户需要使用资金时，无须发出赎回申请，可直接取款或消费 对客户的重要性：非常重要/一般/无所谓　　　　客户使用的反馈：
独特卖点对客户的吸引力： 签约结果：　是/否　　　　　　　不签约的原因：

图 6-16　MVP 验证纪要模板

可以在每个客户访谈结束的时候打分，用来统计客户对产品的总体评价。如果是互联网产品，在开展线上验证时，可以在客户退出产品页面前邀请客户打分。

以下为飞虎队设计的客户打分机制。

您对产品的总体评价是（1～5分）：

1. 太烂

2. 无感

3. 还不错，保持关注

4. 很好，考虑购买

5. 太棒了，推荐给朋友

3. 分析客户反馈及数据

在一轮 MPV 验证结束后，团队需要对客户的反馈和数据进行分析。从大量发散的客户反馈信息中总结、提炼出对产品有指导意义的信息是一件有挑战性的事。我们可以采用图 6-17 所示的 MVP 验证回顾框架，将客户反馈进行归类分析。

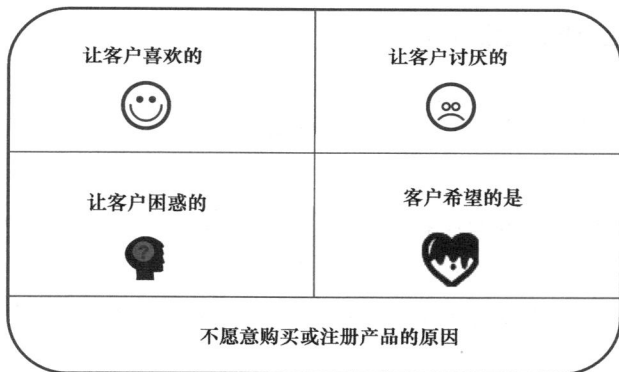

图 6-17　MVP 验证回顾框架

对于验证过程中的量化数据也要做统计分析。比如，飞虎队设定的本次 MVP 验证活动要收集的度量数据是签约客户转化率，因此在回顾的时候需要结合签约客户的转化率和客户反馈一起分析。

4. 规划下一轮 MVP

第一轮 MVP 验证活动只是个开始。根据验证结果，我们可能需要调整产品的卖点，也可能需要调整产品的部分解决方案以及价格，甚至会发现客户群体也需要做些调整。在调整后，寻找下一个最不确定的因素规划下一轮 MVP 验证。

6.3.3 判断何时产品与市场适配

读到此处你可能会关心这样的问题：开展多少轮 MVP 验证后才能达到产品与市场适配呢？遗憾的是，是否达到产品与市场适配不取决于我们开展的验证轮次数量，甚至有的产品还没有达到与市场适配就进行了转型或复位，重新设计产品和商业模式。那么如何判断是否达到了产品与市场适配呢？

产品与市场适配，指的是在一个市场里打造一款可以创造显著的客户价值的产品，这个概念包括两个方面。

（1）我们的产品满足了真实的客户需求。

（2）我们提供的解决方案显著优于其他方案。

更具体地说，在实际业务活动中，如果有以下现象存在，说明还没有达到产品与市场适配。

- 经常有客户反馈产品不如竞品。

- 产品没有建立口碑相传的效应。

- 注册产品的客户有很少一部分人继续使用产品。

- 产品的活跃客户数量增速缓慢甚至停滞。

与之相反，在实际业务活动中，如果达到产品与市场适配，一般会有以下现象。

- 产品发布后客户就纷纷注册。

- 产品的订单量增长迅猛。

- 很多新客户由老客户推荐过来。

- 客服人员不停地接到客户对产品的咨询电话，我们感觉到需要尽快扩充客服人员来服务客户。

- 大量客户在产品的相关论坛、社群里非常活跃。

- 在很多没有推广的地域有客户主动找来，我们感觉迫切需要尽快扩充销售队伍到新的地域推广产品。

除了从这些现象判断产品是否与市场适配，还可以借助一些简单的、关键的指标来衡量。增长黑客之父肖恩·埃利斯（Sean Ellis）发明了一种量化的客户调研方法来判断产品。在这个方法中，最关键的问题是："如果以后不能继续使用这个产品，你会是什么感受？"选项如下。

1- 非常沮丧
2- 有点沮丧
3- 没关系（反正它的用处也不大）
4- 以上都不是——我已经不用这个产品了

如果有超过 40% 的客户反馈没有我们提供的产品他们会"非常沮丧"，那么很有可能我们的产品属于"必须有"一类，而且已经建立起了持续又可增长的客户获取渠道。经过对比几百家创业公司得出的结论是，有 40% 以上的客户选择"1- 非常沮丧"的公司一般都能持续发展壮大，而这个数据明显低于 40% 的公司几乎都遇到了麻烦。

这个调研方法被称为"肖恩测试"。如果统计的结果显示不到 40% 的客户反馈"1- 非常沮丧"，那么也不要气馁。最接近反馈"1- 非常沮丧"的客户是那些反馈"2- 有点沮丧"的客户，这个群体最有可能进一步提高其对产品的忠诚度。这些客户也许已经发现了替代产品，或者正在使用替代产品，而替代产品在某些方面比我们的产品更加吸引他们。因此，开展肖恩测试的同时，也要增加一个开放式的问题，收集客户的意见，获取产品没有黏住他们的原因，以便于我们改进产品。如果有 40% 的客户选择了"3- 没关系（反正它的用处也不大）"或者"以上都不是——我已经不用这个产品了"，那么说明我们的产品定位出现了根本性问题，产品对客户的价值并没有得到认可，需要我们复位产品的价值主张：也许客户群体需要进一步细分，也许是解决方案与客户的问题没有匹配。

针对不同的业务类型，我们可以设计合适的问题来开展肖恩测试，问题的形式并不重要。对于判断产品与市场是否适配，只要是反映产品对客户的黏度的问题即可。

6.4 小结

在数智时代，创设新产品需要始终以客户为中心，深入洞察需求，采用团队共创的方式创设产品，持续验证解决方案是否解决了客户待解决的问题。

创设一个新产品会经历概念阶段和 MVP 验证阶段。在概念阶段又分为问题领域和解决方案领域的探索；MVP 验证阶段是一个构建—验证—学习和调整，或者转型，直到达到产品与市场匹配的循环。当产品与市场适配时，产品创设过程完成，进入产品的迭代式交付与运营过程，第 7 章将详细介绍这部分内容。

第7章

迭代式交付与运营过程

在新产品或服务经过 MVP 阶段达到与市场适配后，就进入迭代式交付与运营过程。本章详细阐述了迭代式交付与运营的基本方法、流程和工具。

7.1 基于迭代的持续改善循环

迭代的理念来自迭代式软件开发。这个概念可以追溯到 20 世纪的 60 ~ 70 年代。因为软件开发的本质是个人和组织的学习过程，所以迭代式软件开发获得了广泛认可。

其实，不只对于软件开发，人类的任何知识性工作和学习都是迭代的、试错的过程。尤其在数智时代，各种新技术、新的商业模式带来了易变性、不确定性、复杂性和模糊性，组织和个人更应该采取迭代式思维，小步试错，及时根据新获得的经验、知识以及环境的变化来纠偏。

7.1.1 Scrum 迭代式开发框架

Scrum 是用于开发、交付和持续支持复杂产品的框架，是一个增量的、迭代的开发过程。在图 7-1 所示的 Scrum 框架中，整个开发过程由若干个短的迭代周期组成，一个短的迭代周期称为一个冲刺（sprint），每个冲刺的建议时间是 1 ～ 4 周。在 Scrum 框架中，使用产品待办事项列表来管理产品的需求。产品待办事项列表是一个按照商业价值排序的需求列表，Scrum 团队总是先开发对客户具有较高价值的需求。在冲刺中，Scrum 团队从产品待办事项列表中挑选最高优先级的需求进行开发。挑选的需求在冲刺计划会议上经过讨论、分析和估算得到相应的任务列表，我们称它为冲刺待办事项列表。在每个迭代结束时，Scrum 团队将交付潜在可交付的产品增量。

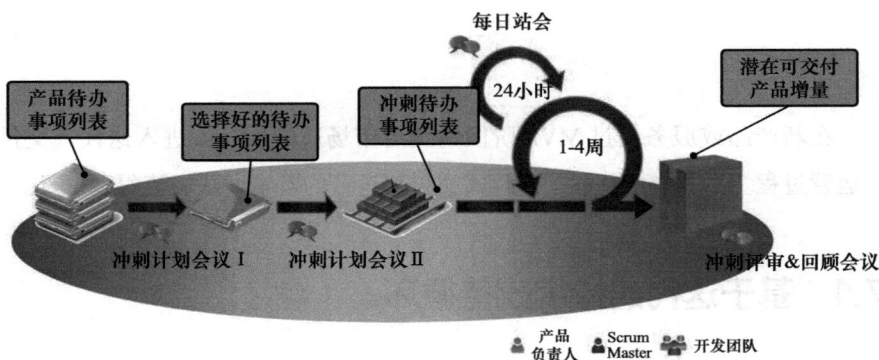

图 7-1　Scrum 框架

Scrum 虽然起源于软件开发项目，但它适用于任何复杂的或是创新性的项目。目前已被用于开发软件、硬件、嵌入式软件、机械制造、自动驾驶、学校、政府、市场、运营等。

从更深层次解析，Scrum 的精髓有 3 个拆分和两个优化。

Scrum 的 3 个拆分如下。

（1）拆分组织：把组织拆分成小规模、跨职能的自组织团队。

（2）拆分产品：把产品拆分成一系列小而具体的交付物。按优先级排序，估算每项小的交付物的相对工作量。

（3）拆分时间：把时间拆分成固定大小的短迭代（通常为 1 ～ 4 周），在每个迭代结束时对可交付的产品增量进行演示。

Scrum 的两个优化如下。

（1）在每个迭代结束后跟客户一起检查和反馈发布目标，并据此优化产品待办事项和发布计划，更新产品待办事项优先级。

（2）每个迭代结束后进行回顾，对团队的工作方式做优化。

因此，Scrum 是一个团队基于短周期迭代的自我改进的循环。

以下将以 B 公司的运行实践为例，介绍 Scrum 的具体应用场景和细节。

7.1.2　Scrum 团队的角色

第 2 章介绍的跨国制药企业 B 公司应用 Scrum 框架作为敏捷团队的主要工作方式。B 公司的 3 类虚拟业务敏捷团队分别是整合品牌团队、数字化项目团队和关键业务项目团队。其中，整合品牌团队服务于品牌策略的制定与落地执行；数字化项目团队则肩负着开发数字化平台、开拓数字化创新业务的重任；关键业务项目团队则是基于业务的实际需求组建，在短期内冲刺完成关键任务或产出业务解决方案。3 类虚拟敏捷团队均由与实现业务目标密切相关的跨部门人员组成，横跨销售、市场、商务、医学、业务运营、财务、合规、IT、人力资源等各个部门，符合 3.3.2 节定义的敏捷团队。

Scrum 团队包括 3 个核心角色——产品负责人、Scrum Master、开发团队。B 公司基于自身的业务属性，在设置 Scrum 角色和应用 Scrum 框架时进行了更符合业务特点的定制化设计。

B 公司在 Scrum 团队中共设置了 5 个角色，如图 7-2 所示。

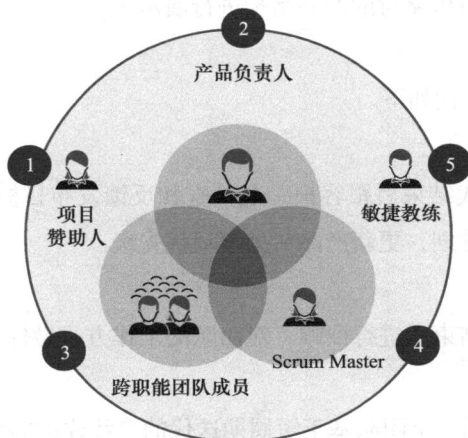

图 7-2   B 公司的 Scrum 团队角色

（1）项目赞助人：通常由管理层领导者担任。项目赞助人承担着 3 个重要职责，包括：定义团队愿景，指引战略方向；为 Scrum 团队扫清公司管理机制、流程和资源上的障碍，并解决所遇到的职能部门壁垒的重大挑战；以身作则践行和倡导敏捷理念和敏捷工作方式。这里需要说明，在理论的 Scrum 框架中没有项目赞助人这一角色，但是实际项目中其实都有项目赞助人在起作用，即便在有些公司里没有明确任命这一角色。在 B 公司，项目赞助人是一个至关重要的角色，因为敏捷团队成员来自各个职能部门，而不是来自单个职能部门，在这种情况下，需要任命高层领导者承担此角色，从公司的整体战略和目标出发，而不是从单个部门的利益出发来领导团队。

（2）产品负责人：产品负责人负责定义"产品"，确定冲刺的工作范围与目标，管理团队的产品待办事项列表，并通过与项目赞助人和利益相关者进行有效沟通，确保内外部客户满意度和业务价值最大化。这里的"产品"打上双引号，是因为业务敏捷团队的价值产出未必是一个实体产品，可能是服务，甚至可能是流程再造或者流程优化、商业模式重构、大型企业活动、数字化运营平台等任何对业务有重要贡献的产出。不论团队的产出是什么，都需要有类似产品负责人的角色来根据团队的愿景定义工作内容。

（3）跨职能团队成员：由 10 人以内的跨部门的人员组成，能够覆盖交付完整价值产出的各种职能。团队成员以自组织的方式工作，交付"产品"和业务结果。团队成员的人事编制可以仍旧隶属于其原来所属的职能部门。

（4）Scrum Master：负责引导团队的各项 Scrum 活动，包括冲刺计划会、站会、待办事项列表梳理会、冲刺评审会、冲刺回顾会等，确保团队在工作中遵循敏捷的原则和方式，辅导整个团队践行敏捷的理念。

（5）敏捷教练：作为公司层面的敏捷教练，对产品负责人、Scrum Master 和开发团队进行辅导。

7.1.3 冲刺前的准备工作

在 Scrum 团队进入第一个冲刺前，需要一系列的准备工作，以便于在进入第一个冲刺之后，团队能够集中精力为冲刺目标而努力。B 公司梳理出可复制的"冲刺前准备工作清单"，用以指导每一个敏捷项目在冲刺前的准备工作。准备工作清单分为组织层面的准备工作清单（见表 7-1）和团队层面的准备工作清单（见表 7-2）。

表 7-1　冲刺前组织层面的准备工作清单

准备工作清单 – 组织层面
管理层批准该业务项目将采用敏捷工作方式
明确项目目标
提名项目赞助人
确定产品负责人和 Scrum Master

续表

准备工作清单 – 组织层面
团队成员就位
确定项目组织架构图
与供应商签订合同（在有供应商的情况下）
管理层批准项目交付里程碑

表 7-2　冲刺前团队层面的准备工作清单

准备工作清单 – 团队层面
在敏捷教练的辅导下制定团队章程，至少应包括以下 6 个方面：1. 项目愿景与目标；2. 团队工作协议；3. 项目成功的衡量指标；4. 利益相关者；5. 团队成员工作职责；6. 团队敏捷活动计划
团队工作空间准备就绪
视觉化设施准备就绪（包括团队白板、报事贴等）
敏捷教练向产品负责人和 Scrum Master 介绍敏捷工作方式和 Scrum 关键角色的工作职责
敏捷教练向团队成员介绍敏捷工作方式和 Scrum 团队成员的工作职责
团队看板搭建完成
完成第一个冲刺的目标设定
制定基于利益相关者的沟通计划
召开团队启动会

7.1.4　Scrum 团队的活动

B 公司的 Scrum 团队以两周为一个时间盒进行冲刺，有节奏地举行一系列敏捷活动，最终产出业务成果，并促进团队成长。B 公司 Scrum 团队的具体运行流程与图 7-1 保持一致，包含以下活动。

1. 冲刺计划会议

冲刺计划会议是团队就本冲刺的目标和工作内容进行共识的活动。在 B 公司，冲刺计划会议通常历时 1 小时，具体步骤如下。

（1）产品负责人提出希望在即将到来的冲刺中将要实现的目标，对团队展示已经排好优先顺序的产品待办事项列表。

（2）产品负责人与团队讨论本冲刺的目标、待办事项列表的内容、每条待办事项的验收标准，并与团队达成共识。

（3）每一个团队成员自主地将产品待办事项分解为具体的工作任务，并将任务在物理看板上用报事贴书写（7.3.2 节将介绍看板的内容），或在电子在线看板上创建任务卡片。每一张任务卡片包含 3 个信息——任务、认领人及估算的任务完成时间，从而确保所有的任务公开、透明，且责任落实到人。

（4）在任务创建完毕后，团队成员一起审视任务之间的依赖关系、每个成员之间要如何协同，并对任务的工作量进行估算。若发现本冲刺的产能与计划的工作量之间有冲突，则需要对本冲刺计划的待办事项进行调整和取舍，以确保团队拥有足够的产能实现冲刺目标。最后，团队对本冲刺的目标进行承诺。

2．每日站会

每日站会用于团队就每日工作的进度、状态、风险进行同步，以确保冲刺目标能够达成。

考虑到业务团队的任务推进很难每天产生显著的增量，且 B 公司团队成员并非全职在敏捷项目中工作，他们日常也承担所属职能部门的工作，因此 B 公司的站会频率通常为每周 2 次，每次 15 分钟以内，既保持了稳定的节奏，也最大限度地节约了跨部门人员的时间。在 B 公司敏捷团队的站会上，每个人轮流简要分享以下 3 个议题。

（1）对上一次站会以来的进展进行更新，即：我做了什么？

（2）明确接下来的关键行动，即：我将要做什么？

（3）提出遇到的挑战和阻碍，即：我遇到了什么困难和阻碍？

这就是经典的站会"灵魂三问"。通过聚焦这 3 个问题，可以有效提升会议的效率，防止团队跑题或陷入问题讨论和解决当中。成员攻克重要任务时，会得到团队真诚的认可与嘉许；遇到困难和阻碍时，亦会及时提出并寻求团队的帮助与支持。在冲刺的过程中，随着任务的迅速执行和待办事项在看板上的快速流动，团队成员的士气显著高涨，团队的效能也有明显提升。

3. 待办事项列表梳理会议

在待办事项列表梳理会议中，产品负责人组织团队成员对下一个冲刺中已知的待办事项进行增减和优先级排序的。

4. 冲刺评审会议

冲刺评审会议用于对本冲刺产出的"产品"增量进行演示，收集利益相关者的反馈意见，以优化"产品"增量。冲刺评审会议在冲刺结束时召开。

在 B 公司，冲刺评审会议通常历时 1 小时左右，团队成员向项目赞助人、利益相关者和内外部客户分享并展示本冲刺周期的产出与成果，且以开放的心态积极寻求建设性反馈。产品负责人负责记录反馈，并将反馈用于指引下一个冲刺周期的工作和"产品"的持续改善，确保对所有反馈皆有回应和跟进。

在 B 公司，通常无须等到冲刺周期结束再集中进行演示，而是在整个冲刺周期的任何时候，当团队成员有重要成果需要展示并亟须寻求反馈时，就及时进行演示。演示者通常是待办事项的责任人和共同贡献者。在演示时，遵循敏捷宣言中"工作的软件高于详尽的文档",以及敏捷原则中"可工作的软件是进度的首要度量标准",本冲刺成果的演示要呈现可用的"产品"和真实可见的成果,例如,本冲刺交付的系统、本冲刺开展的市场调研的成果、本冲刺开展的运营活动数据等。

需要注意的是,冲刺评审会议不同于常规的汇报会议,因此要避免赘述产出物的交付过程,也不要花费大量时间准备汇报材料,而是要演示真实的冲刺产出物。

5.　冲刺回顾会议

冲刺回顾会议是团队对本冲刺过程中团队工作方式的反思和优化活动,在冲刺评审会议之后召开。

在 B 公司,冲刺回顾会议通常历时 30 分钟～ 1 小时。团队成员在 Scrum Master 的带领下,对本冲刺过程中做得比较好的地方和待改善的领域进行讨论,并产出改善类的待办事项。冲刺回顾会议的关注点聚焦于提升团队的有效性,以及持续学习与成长,细节内容将在 7.2 节深入展开。

7.2　持续复盘

复盘是指运用科学的方法,对组织、团队和个人过去一段时间的工作进行总结、反思与回顾的过程,帮助我们发现优势和问题,实现持续改进,为未来的工作和决策做好准备。复盘并不是敏捷团队所特有的实践,但是敏捷团队倡导要持续定期复盘,而不只是在重要的里程碑节点集中做大规模复盘。

7.2.1　复盘的意义

复盘创造了一个契机,让我们按下暂停键,从繁杂的工作中抽离出来,系统且有目的地进行总结、反思，发现并直面问题，共同讨论并产出改进计划，帮助个体、团队和组织持续进化与成长，实现从优秀到卓越。

在 Scrum 框架中，规律性的复盘活动集中体现在冲刺回顾会议环节。冲刺回顾会议是 Scrum 中非常重要以及必要的关键会议。在冲刺回顾会议上，团队成员聚在一起，在信任和开放的环境中，反思并讨论在本冲刺内团队有哪些工作方式可以继续，哪些需要停止和改变，每个人提出建设性反馈，团队共同产出具体的改善计划。冲刺回顾会议充分体现了 Scrum 精髓中"两个优化"中的"工作方式优化"，以及敏捷的第十二条原则"团队定期反思如何提高成效，并依此调整自身的行为"。

除了每个冲刺结束后的冲刺回顾会议，团队复盘可以根据业务需求随时发生，以确保团队及时检核与目标之间的差距，发现问题，共同找到解决方案，持续改进业务流程和团队协作效率。复盘需要构建安全和开放的场域，同时确保行动计划能够执行完毕。团队持续精心设计并跟进复盘产生的改进措施，对敏捷团队持续提升绩效意义重大。

7.2.2　复盘实践

B 公司非常重视复盘会议的设计、执行与跟进，各业务部门积极参与。复盘会议的模式也被广泛复制并应用于业务的日常流程和场景中，促进业务绩效的提升和团队的进化。一场高效的复盘会，不仅需要有改善计划的产出，还需要营造积极开放的氛围，往往离不开以下 3 个关键流程——会议准备、会议进程和会议跟进。下面将围绕这 3 个关键流程进行详细描述（见图 7-3）。

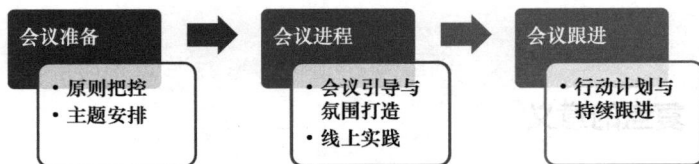

图 7-3　B 公司复盘会流程

1. 会议准备

此流程有两项工作：原则把控和主题安排。

（1）复盘会议的**原则把控**。复盘会议的核心目的，是团队成员集思广益，实现团队协作和工作绩效的持续改善。根据敏捷团队的冲刺节奏，通常以两周为单位定期召集冲刺回顾会议。提前预留时间参与会议是团队成员需要共识的基本原则，这一原则也被正式写入团队的工作协议当中。当复盘会议与团队之外的其他会议发生冲突时，大家会依据工作协议，视敏捷团队的复盘会议为首要目标，积极协调、力争参会，形成了两周一次集中复盘的节奏，从而避免三天打鱼两天晒网，进一步强化团队的凝聚力和执行力。

（2）复盘会议的**主题安排**。为了保证聚焦，每次复盘都预先设定了明确的主题，必要时还会邀请团队成员提前浏览复盘主题安排的内容进行思考，或通过问卷调查输入想法，这些举措显著提升了会议效率和团队成员的参会体验。复盘一般分为"常规冲刺复盘"和"专题复盘"两种类型，根据上轮和本轮冲刺遇到的具体情况有针对性地选择主题。"常规冲刺复盘"通常围绕"团队在冲刺中做得好的方面和需要改进的方面"这类话题展开。

在复盘会议中，如果每次都重复相同主题，泛泛而谈，几个冲刺下来团队成员会因为无话可说或话题重复，对复盘会的参与度和兴趣度明显降低。为了解决这个问题，可以引入视觉引导的元素，贴合团队所处的项目阶段，定制不同的热身主题。例如，本轮冲刺感受、敏捷原则和工作协议践行情况、视觉引导的模板以及有针对性的问题清单等，激发团队成员思考并保持参与的热情和兴趣。对于冲刺周期较长的项目，"重量级复盘"和"轻量级复盘"会交替进行，以保持复盘会议的延续性和灵活性。这里的"重量级复盘"是指复盘会议引导框架的问题更加全面，形式相对复杂，耗时 2 小时或更长的复盘会；而"轻量级复盘"是指通过精简问题、提前发出小调研收集反馈等方式，将时间控制在 30 分钟左右的复盘会。

除进行"常规冲刺复盘"外，团队也会对近期出现的障碍和大家关注的热点问题及时进行"专题复盘"。在 B 公司，专题复盘的话题涉及协作中团队障碍的清除、会议有效性的提升、与供应商协同的困难、团队超负荷的问题等。复盘的话题需要与时俱进，有聚焦和有针对性地解决实际问题，为团队绩效的提升和成长带来持久的价值。

2. 会议进程

这一流程需要注意两个方面——会议引导与氛围打造、线上实践。

1）会议引导与氛围打造

复盘会议的主持人需要注意通过引导手段营造人人平等、开放包容的场域和氛围，在这样的场域中，团队成员能够畅所欲言，就事论事，不抱怨、不指责，有建设性地提出问题和行动建议，大家都关注在会议中产出有价值的成果。在正式复盘会议开始前，主持人可以设计一个轻松的小的破冰活动，例如，选择表情包展示最近一个冲刺周期的心情指数，输入体验关键词等，帮助大家活跃起来，快速进入复盘状态。进入会议的主体环节后，主持人根据本期主题选择合适的框架，鼓励团队成员畅所欲言。

引导复盘会议本质上是一个先发散后收敛的过程。以 B 公司某项目第二个冲刺的"常规冲刺复盘"为例，主持人根据项目特点采用在线白板 Teamind[①] 工具设计制作了"赛车"复盘画布，如图 7-4 所示，共分为 5 个板块。

（1）团队值得肯定的方面，在复盘画布上，用"为赛车提供的动力"作为寓意。

---

① Teamind 是一款在线交互白板工具。

❷ 复盘环节　🕒 40分钟

-邀请大家用5分钟的时间回顾，并在赛车图五个区域用便签写下您觉得团队在Sprint 2共同工作中：
1. 值得肯定的方面（动力）；
2. 还需改进的方面（阻力）；
3. 你想感谢的人和事（感恩）；
4. 预估可能存在的风险；
5. 清除障碍所需要的支持（求助）。
团队协作进程中，没有"大满"，为了项目团队的持续提升，期待您主动表达自己的真实想法！
-每位冲刺伙伴有1分钟进行分享

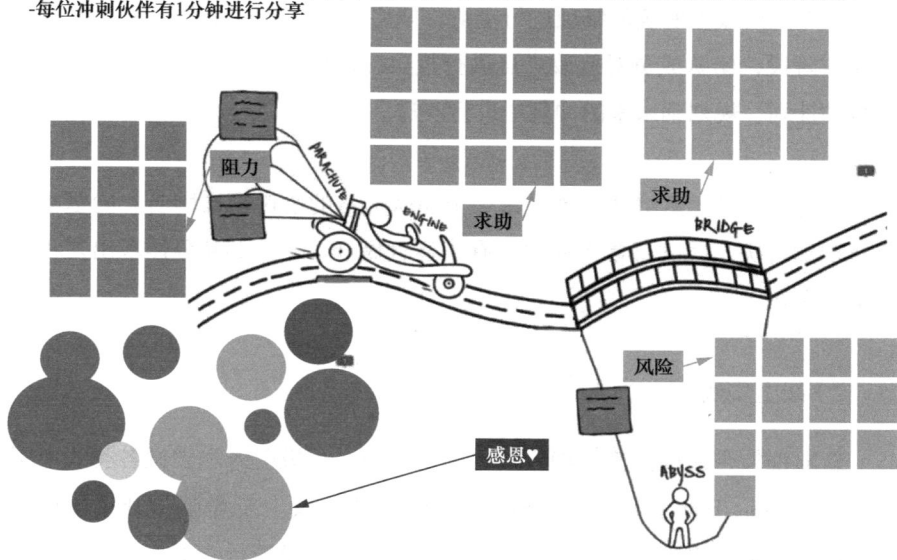

图 7-4　B 公司冲刺复盘活动画布

（2）团队尚需改进的方面，在复盘画布上，用"赛车所遇到的阻力"作为寓意。

（3）预估可能存在的风险，在复盘画布上，用"需要防范的风险"作为寓意。

（4）清除障碍所需要的支持，在复盘画布上，用"跨越障碍的路桥"（求助）作为寓意。

（5）最想感谢的人和事（感恩）。

　　复盘的整个过程分为发散阶段和收敛阶段。在发散阶段，团队成员通过静默书写报事贴的方式，将自己的真实想法甚至顾虑以不记名的方式充分表达出来。发言和分享环节秉承"Yes，and"原则，不对观点进行评判，确保每一个声音都被尊重和听到。主持人在聆听的同时对卡片进行归类和整理，对其中有疑问或不明确的细项进行澄清，并将大家提出的待改进点归类总结；在收敛阶段，团队成员对待改进点进行投票，选出其中最紧迫的2～3项制定行动计划，规划到未来的冲刺中进行改进。

　　B公司通过团队群体共创，每一个团队成员的心声都被聆听，问题被及时发现和解决，团队日常沟通效率有了显著提升。这些都充分体现出复盘会的价值所在。

　　2）线上实践

　　新冠疫情带来的高度不确定性也催生了公司积极引入和尝试各类线上引导工具，包括 Teamind、Conceptboard、Miro 等。线上复盘画布开拓了创新的解决方案，有效打破地域的阻隔，助力团队在不能进行线下相聚时仍有机会通过线上渠道实现公开、透明的信息共享，彼此连接，实现团队共创。线上平台提供多种敏捷定制模板，方便添加视觉元素，增加了会议的互动性和趣味性；投票、计时、目录、导出等丰富的技术功能也助力了会议效率的显著提升。

3. 会议跟进

会议跟进即复盘会的**行动计划与持续跟进**。

　　要实现复盘会的终极目标，仅仅发现问题并提醒团队下次注意是远远不够的。复盘会最重要的产出物就是经过优先级排序的、具体的、可以落地执行的行动计划。为了闭环行动计划，团队对上面投票选出的前3个改进点制定了具体的实施方案，包含谁、在何时完成何事，以及完成到何种程度方可被认定为完成。例如，针对完成的定义（Definition of Done，DoD）和验收

标准（Acceptance Criteria，AC）不清晰的问题，复盘会议上团队制定的行动
计划为：产品负责人在下一个冲刺前牵头撰写验收标准，并在计划会上与团
队达成共识；针对站会效率低等问题，Scrum Master 即刻在看板上注明"站
会灵魂三问"，团队成员自下一个冲刺期开始，遵守"灵魂三问"原则并互
相提醒以确保专注进度更新，站会议题不延展、不跑题。这些行动计划项被
直接放置在下一个冲刺的看板上，执行进展和成果将在下一个冲刺中被检
核。通过紧密的跟进，团队成员在复盘环节提出的建设性反馈才能真正实现
闭环，并产生价值和意义。这也促使团队形成一个积极、正向的反馈循环，
让大家更有动力发现问题、提出问题、解决问题，持续提升绩效，从优秀走
向卓越。

7.3　可视化管理

　　所谓可视化管理是将管理工作所需要的信息可视化在团队的工作区域，
让每个人可见，使团队的工作流程更加直观，有效表达团队内部的信息，从
而实现管理上的透明化。

7.3.1　为什么要可视化工作

　　人类的工作分为两种：知识性工作和非知识性工作。知识性工作指的是运
用知识、智慧、创意等，更加需要智力而非体力去完成的工作，如品牌设计、
设计、研发、销售、测试、客户服务、市场推广、财务管理、人力资源管理、
合规审计、法务审核、过程改善等；非知识性工作指的是简单重复的、基本不
需要动脑思考的、纯粹动手操作类的工作，这类工作的员工在接受了培训后，
主要依靠体力来完成工作，如搬运、保洁、送快递、工厂车间操作等。

　　在非知识性工作领域，人们的工作容易可见，因为他们手上的工作对象
是物理实体。比如，我们走进工厂里，非常容易看到工厂车间里正在加工的零
部件有哪些，有多少，以及每个工人在做什么。相比于非知识性工作领域的工

作，知识性工作领域的工作更加不可见。比如，我们走进一家企业的市场部，看到每个人都坐在计算机前，你并不知道每个人在做什么，也不知道他们手上有哪些工作，因为他们的工作都在计算机里。有的人可能在答复客户邮件，有的人可能在策划市场推广方案，有的人可能在和供应商打电话沟通报价。

在非知识性工作领域，工作的效率和产出质量易见。比如，我们很容易用肉眼观察保洁员的工作效率和工作质量，因为他们清洁的对象就在我们眼前。相比于非知识性工作领域的工作，知识性工作领域的工作效率和产出质量更加不可见。比如，市场策划人员做一个策划可能花了 3 周的时间，最后产出的质量也不尽如人意，但是过程中的产出我们不容易去干预，因为他的策划过程并不可见。

因此，在知识性工作领域，我们有必要将那些不可见的工作可视化，并采用一定的机制管理。可视化管理能带来以下 4 个益处。

- 增进共识。可视化管理能够增进团队的不同成员，如业务、技术、市场人员等对产品和服务有共同的认识和理解。

- 任务清晰。可视化管理能够让团队每个人职责明晰、目标明确，从而有助于每个人任务的完成。

- 高效协同。可视化管理有利于问题的高效沟通和解决，从而减少不必要的会议，提高效率。

- 职责共享。在以上 3 点的基础上，可视化管理能够增进团队协作互助，促进职责共享和主人翁意识，而非每个人只关注自己的工作。

7.3.2　看板：可视化管理的有效工具

业务敏捷团队的看板设计模板如图 7-5 所示，它适用于任何类型的团队，

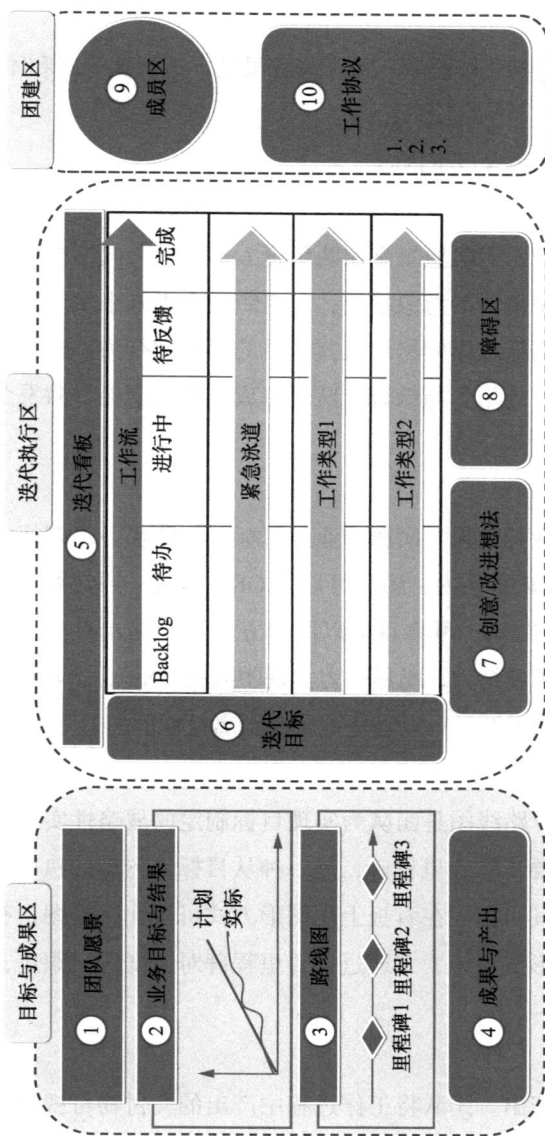

图 7-5　业务敏捷团队的看板设计模板

不限于产品研发、财务、HR、销售、市场等，已被验证在各种类型的团队都有效。

此看板模板包括 3 个区域：目标与成果区、迭代执行区和团建区。

目标与成果区包含以下内容。

（1）团队愿景。团队愿景是团队负责人与成员共同形成，具有引导与激励团队成员的未来情景的意象描绘，对组织及个人未来发展预期达成未来意象的想法，它会引导或影响组织及其成员的行动和行为。将团队愿景可视化在看板上，可以有效培育与鼓舞团队所有成员提升职能，激发个人潜能，促使成员竭尽全力。

（2）业务目标与结果。团队的业务目标是团队在一定期间内期望实现的业绩结果。在 OKR 体系内，团队可以将 OKR 作为一段时间内的目标（敏捷目标的制定见第 5 章）。可将目标以图形方式可视化在看板上，便于引导团队汇聚所有的资源和精力，竭尽全力实现团队的 OKR。团队根据业务目标和结果绘制出目标趋近图，可以直观地跟踪距离目标值的差距。

（3）路线图。路线图是团队为实现目标制定的战略性实施计划，包括实现目标所需的主要步骤和里程碑，是一种从目标到行动的执行工具，帮助团队思考如何实现其目标。在看板上用图形方式可视化路线图，有助于团队对目标达成的过程形成共识，并通过设置里程碑对进度进行跟进，最终达成团队目标。

（4）成果与产出。团队将工作过程中产出的交付物可视化在看板上，有助于利益相关者理解团队的产出，从而增进彼此的信任。产出的交付物可以是但不限于已经上线的产品功能、产品创设的原型、营销推广的文案等。

迭代执行区包括迭代看板、迭代目标、创新 / 改进想法和障碍区。其中，迭代看板将在 7.3.3 节详细介绍。下面只介绍迭代目标、创新 / 改进想法和障碍区这 3 个可视化要素。

（1）迭代目标。在 Scrum 框架里，迭代目标是在当前迭代中通过实现产品待办事项列表要达到的目标，它为团队提供指引，使团队明确构建增量的目的。迭代目标由产品负责人提出，由团队在迭代计划会议结束时承诺。迭代目标帮助团队成员聚焦，在每日站会时，团队成员审视迭代目标是否有达不成的风险。

（2）创新 / 改进想法。将日常工作中诞生的任何产品或服务创新的想法，或者工作改进的想法，随时记录在便利贴上，张贴到看板上。若团队决定执行创新或者改进想法，则将其规划到迭代中执行。在看板上开辟这个区域，有助于创造创新和改进的文化。

（3）障碍区。将团队障碍可视化在看板上，有助于提升团队成员主动暴露问题的意识，并让团队负责人帮助团队及时移除障碍，让工作顺利开展。

团建区包括以下内容。

（1）成员区。看板上开辟团队成员区，贴出每个人的照片，不仅让所有人知道团队有哪些成员，以及每个成员的角色，还能够增强团队的凝聚力。

（2）工作协议。工作协议是由团队共同商议并达成一致，需要遵守的一组规则、纪律和流程的组合。将工作协议可视化在看板上，有助于团队就工作协议达成共识并在工作协议的约束规则里工作，从而进一步促进团队的自组织和高效协作。

需要强调的是，看板的设计不是一刀切的，各个团队应该设计符合自己需求的看板。可以以本节介绍的看板模板作为起点，定制化设计适合自己的看板；此外，看板不是一成不变的，而是一直在演进的，团队在看板应用的过程中可随时调整看板的设计，以符合最新的需求。

7.3.3　迭代看板

迭代看板是团队用于管理本迭代工作的需求和任务的看板。可视化迭代看板有以下 3 个步骤。

（1）识别工作流，设计看板的列。

对于需求交付类的工作，一般的流动过程如图 7-6 所示。

图 7-6　需求交付类的工作流

对于非需求交付类的工作，一般的流动过程如图 7-7 所示。

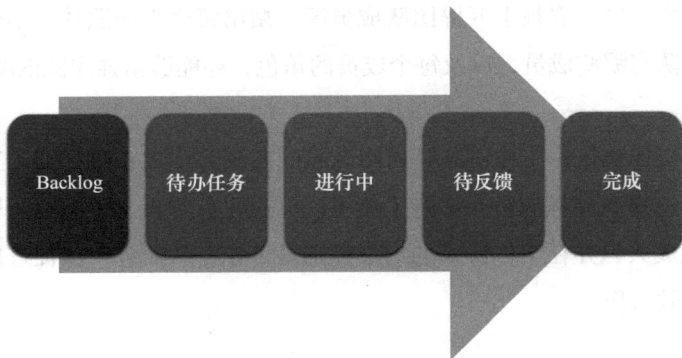

图 7-7　非需求交付类的工作流

团队的工作可能既有需求交付类工作，也有非需求交付类工作，可以将两类工作可视化在一个看板上。

（2）识别工作项的类型，设计看板的泳道。

工作类型有多种，例如，产品开发类、产品创设类、客户运营类、客群经营类。团队将工作类型作为看板的泳道，将每个类型的工作放到相应的泳道中管理。对于紧急类型的工作，团队可以单独开辟紧急泳道，让团队成员集中精力先完成紧急泳道的工作，如图 7-8 所示。

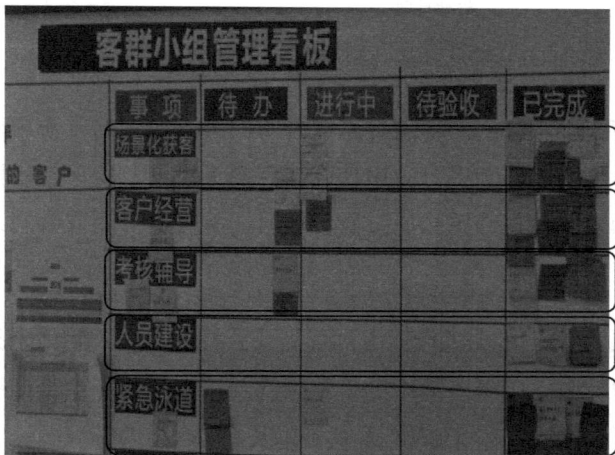

图 7-8　看板泳道设计案例

（3）设计看板的工作项内容。

工作项指的是交付价值的单元。工作项的内容由团队定义，信息的丰富程度要遵循"足够多以能够让团队自组织决策"的原则。工作项一般采用卡片来可视化，可视化的要素如图 7-9 所示。

下面详细介绍每个要素。

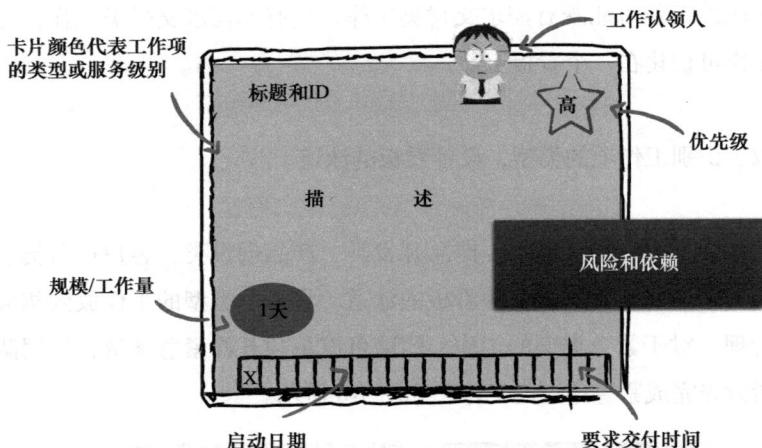

图 7-9 工作项用卡片可视化

- 类型或服务级别。不同类型或者不同服务级别的工作项用不同的颜色标识，以便于区分。用什么颜色都无所谓，简单实用即可。要达到的效果是：当团队成员看看板时，不需要猜测或询问某个工作项代表什么含义。

- 标题和 ID。每个工作项卡片都需要有标题，用一句话来描述该工作项做什么。如果团队用电子系统管理工作项，每个工作项上一般还会有一个 ID 号，作为该工作项在电子系统里的唯一编号。

- 工作认领人。认领工作的团队成员，可以采用带名字的磁贴贴在工作项卡片上，既方便卡片的移动，也可以对谁将要处理这个卡片一目了然。

- 优先级。只有标识清了优先级顺序，每个团队成员每天才 100% 清楚每项工作的优先级，便于团队实现自管理（将在 7.4.1 节详细介绍）。

- 描述。简短描述工作项，让所有人知道该工作项是做什么的。

- 规模 / 工作量。在一个冲刺内，每项工作需要拆分到天的粒度，避免大粒度任务长期滞留在看板上。

- 时间信息。团队根据自己的需要，可以记录工作项的启动日期、截止日期或团队的承诺日期。

- 风险和依赖。工作项的风险和依赖都需要显性标识，标识手段有多种。对于风险，比较简单的方式是，用一张颜色醒目的卡片标记这个工作项有什么风险，贴到工作项卡片上，每日站会的时候，团队跟踪风险是否化解。如果一个工作项依赖于另一个工作项，或者在其他条件具备的情况下工作项才能完成，可以用类似风险标识的方式标识依赖。

7.4　让工作快速流动

接下来，我们需要思考的是如何让工作快速流动起来，提高为客户交付价值的效率。

7.4.1　优先级排序

面临市场、业务和进度的多重压力，团队成员往往成为"急事的奴隶"，哪项工作的截止日期临近，就开始着急做哪项工作。要知道团队的人力、物力永远都是有限的，因此在有限的资源条件下，采用科学的方法决定工作的优先级至关重要，这样才能够让团队始终做最重要的工作。

决定工作项的优先级顺序有以下要素要考虑。

- 延期成本。延期成本是当工作或里程碑延期交付时所产生的财务成本。延期成本将价值和延期交付的时间合并起来，衡量方式可以是创造的价值，也可以是造成的经济损失。若想知道一个工作项的延期成本，只需要问一个问题："如果晚交付一个月，会给我们造成什么损失？"或者正向问法："如果提前一个月交付，会给我们带来什么价值？"为工作项排序时，延期成本是首先要考虑的因素。当延期成本无法区分出先后顺序的时候（比如，经常会发现很多工作价值相当，也没有一定非要什么时候完成的期望），可以考虑其他要素。

● 实现成本。对于同等延期成本和交付时间要求的工作项，要选择成本低、交付速度快的。因为越早完成，越早产生价值，并及早获得用户反馈，增强我们对用户和市场的认知。

● 风险和不确定性。风险和不确定性虽然是相互伴随的，但却是两个不同的因素：不确定性可能隐藏着风险，并不一定会带来风险，但风险一定是带有不确定性的。如果工作项具有不确定性，例如，在一定条件下做了一个产品功能会引爆市场，但是这个条件何时到来还不知道，那么一般采取的方法是推迟决策，同时密切跟踪市场动向，因为早做也会产生浪费，可是晚做就会白做。此外，还可以设计一个低成本的 MVP，面向特定用户群体做调研访谈，来验证工作项的市场风险，从而为是否开发提供反馈（6.3 节介绍）。

● 依赖。如果团队有两个工作项 A 和 B，A 依赖于 B，那么自然把 A 排在 B 后面做。

对每个工作项都进行这些要素的分析后，就可以排出优先级。

7.4.2　碎石运动

团队在尝试敏捷实践的初期，习惯于将一项很大的工作甚至是一个项目作为一个工作项卡片放在看板上管理。比如，第 6 章的飞虎队在开始敏捷转型的早期，经常把一次营销活动、一个新产品的创意、一次大型市场推介会、一次市场调研活动等作为一个工作项卡片放在看板上管理。将这样的大粒度工作项直接放在看板上管理有以下弊端。

- 计划模糊。在做迭代计划的时候，由于工作项没有拆分，导致团队对一项工作包括哪些具体内容、需要哪些人参与、有什么风险都不清晰，经常在执行过程中才发现很多事先没有考虑的问题。

- 反馈不及时。在每日站会上审视看板上工作的进展的时候，大粒度工作项每天都处于"进行中"，导致工作真正的状态不清晰，团队难以就工作的进展及时解决相关问题。

- 让团队缺乏成就感。人们都喜欢完成工作的感觉，不喜欢工作拖沓、久久完不成的感觉。一个迭代结束后收获满满会让人心理上产生很强的成就感。大粒度工作项长期没有完成，会让团队的成就感受挫。

因此，拆分工作项是重要的敏捷实践。那么如何拆分工作项呢？可以按照执行一项工作的步骤拆分出多个子工作项。以下为飞虎队拆分工作项的过程。

原工作项：

> 南京市分行客户调研，以收集对
> 工资理财产品的改进意见

这项工作在迭代计划中由团队的产品负责人提出来，在迭代计划会上，团队将其按照工作步骤来拆分，每个步骤都有明确的产出，因此每个步骤可以作为一个独立的工作项，将其写成卡片，放到看板上管理。原工作项拆分为以下工作项。

- 制定调研计划。

- 制定调研访谈大纲。

- 邀约待调研的客户。

- 实施调研。

- 每个参加调研的团队成员总结调研发现。

- 团队共同研讨调研发现。

- 形成调研报告。

拆分出上述工作项后，团队将每个工作项用便利贴书写，放在看板上管理。拆分工作项的过程就像一个碎石的过程。每个工作项拆分后，更加容易被团队成员认领和进行进度管理。

7.4.3　限制在制品

没有完成的工作称为在制品（Work In Progress，WIP）。例如，没有下发的营销文案、待测试的代码、待上线的特性等都称为在制品。如果不对在制品的数量加以控制，则会出现外界向团队无限施加工作量、团队被动接受的情况，导致团队超负荷，进而产生在制品堆积、对客户的交付价值的周期延长等问题，这就是传统的"推动式"工作方式。

与"推动式"工作方式相反的是"拉动式"工作方式。拉动式工作方式来源于精益思想，指的是团队成员依据自己的产能在合适的时候拉动工作项，而不是单方面被外界施加。在这种工作方式里，在制品无堆积，价值的交付周期被极大缩短。因此，团队需要限制在制品的数量，聚焦完成高价值的工作，避免多项工作来回切换，从而提高价值交付的效率。

限制在制品有两个维度：以迭代周期为单位限制和以人员数量为单位限制。在迭代计划会议上，团队根据自己的产能拉动工作，只有这样团队才能够承诺迭代目标。因此，在这种工作方式下，团队以迭代周期为单位间接限制了在制品。但是，如果团队没有依据真实的产能制订计划，而是单方面地被动接受外界施加的迭代目标，这样的工作方式还是传统的"推动式"工作方式，团队无法承诺迭代目标，因此迭代注定会失败，团队的工作士气也会极大受挫。

另一个限制在制品的维度是以人员数量为单位来限制。推荐采用"人头令牌"的实践，这是比较简单、易行的方法，尤其适合业务团队。具体操作如下。

（1）在看板上开辟一块"令牌区"，将团队成员的头像做成磁贴放到"令牌区"（见图 7-10）。每个头像磁贴作为一个令牌，令牌的数量可以设置为团队成员数量 ×2。

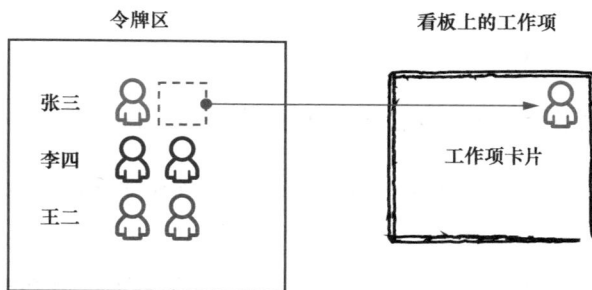

图 7-10　人头令牌

（2）每日站会上，在团队成员认领工作项的时候，每个人从"令牌区"拿自己的头像令牌，放到自己认领的工作项卡片上。

（3）当一个团队成员的令牌用尽时，说明他的工作量已经饱和，不再认领新的工作项，直到完成一个手上的工作项。

以团队成员数量 ×2 作为在制品限制的原因是，默认情况下，每个人手上至少都有一个工作项在进行。在启动一个工作项后，由于阻塞或依赖等原因无法继续进行的时候，团队成员可以切换到另一个工作项继续工作，从而不会造成人员的闲置。

当团队成员都采用人头令牌限制手上并行工作项的数量时，每个人都会聚焦先完成一项工作，再启动新的工作，而不是每项工作都开展了一部分，但是没有一项工作完成。结合 7.4.1 节优先级排序方法，团队成员都按照优先级来认领工作，完成一项工作后再启动下一项工作，从而保证团队的产出也是按照优先级排序的。

7.4.4　团队自管理

管理大师彼得·德鲁克提出，对于如何管理知识工作者要掌握以下原则。

- 员工是关于自己工作如何做的最佳决策人。

- 如果想高效地领导员工，必须聆听和尊重员工。

- 知识工作者必须自我管理，他们必须有自主权。

- 持续创新必须成为知识工作者工作、任务和责任的一部分。

相应地，Scrum 指南 [1] 提到 Scrum 团队的自管理特点：Scrum 团队是跨职能的，这意味着团队成员具有在每个冲刺中创造价值所需的全部技能。他们也是自管理的，这意味着他们在团队内部决定谁做什么、何时做以及如何做。

团队能否实现自管理不是取决于团队成员，而是取决于领导者。若要团

---

① 参见 Scrum 之家官网。

队实现自管理，领导者在日常领导团队的风格上，需要从指挥型领导向教练型领导转变（详见 4.1.2 节）。但是，只有教练型领导者还不足以让团队实现自管理，当教练型领导者为敏捷团队创造以下条件后，团队才开始逐步走向自管理。

- 团队要有共同的愿景和目标。如果团队没有共同的愿景和目标，则不能称为一个真正的团队，他们只是一组在一起工作的人而已。

- 团队要有共同遵守的规则。自管理并不意味着无组织、无纪律，而是在一定的规则范围内自管理。这些规则包括公司规定的相关制度、流程、规范、使用的工具等，也包括团队成员共同约定遵守的工作协议。

- 团队需要获得授权，在团队的工作职责范围内能够决定谁做什么、何时做以及如何做。获得这样的授权后，在团队迭代计划会议上，团队成员才可能根据产品负责人提议的迭代目标以及待办事项列表自行分解工作任务，并且在每日站会上认领工作任务，而不是依靠领导者为每个团队成员分解工作任务，再安排他们做什么。此外，团队成员互相协作，在团队范围内决定一项工作任务如何开展，而不是等待团队之外的某个人来决定。

- 团队的信息具有高度的透明性。看板能够将团队的信息高度透明地呈现给每一个人，就像信息雷达一样，团队成员再也不需要依赖某一个人获取信息，每个成员都非常清楚地知道当前迭代有哪些工作任务，每个人都在做什么，每个任务的状态是什么，因此团队成员围绕看板可以自行发起协作互助，而不必依靠领导者安排他们如何协同。

经过 7.1 ～ 7.4 节的介绍可知，敏捷团队可以采用 Scrum 框架构建基于迭代的工作方式，采用看板方法将工作可视化管理起来，加速工作的流动，从而快速为客户交付价值，并通过持续复盘不断改进，让团队实现从优秀走向卓越。

7.5　运营方式转型

传统的运营方式往往缺乏精细化的设计，而且也缺少数据支撑运营决策，运营方式仍旧采用瀑布的"Big Bang"（大爆炸）方式，铺张浪费，运营活动的周期也比较漫长。本节详述运营方式如何转型。

7.5.1　构建客户转化漏斗

第 6 章所述的飞虎队所在的金融机构每年都会策划一些运营活动来获客，在开启业务敏捷转型之前，这些活动归公司营销部门策划和统一调配资源执行。营销部门以半年为单位策划，批准预算后开始执行。这种运营有以下 3 个弊端。

- 受众客户群体不精准，转化率低。由于没有对客户群体进行细分，营销部门往往希望一个活动能够吸引各种群体，花费高昂的费用投放激励性的礼品、优惠等以吸引更多的人来参加活动，实现转化目的。但是实际结果是吸引来的人中很多并不是目标受众，他们是奔着礼品或优惠而来，而不是为了解产品而来。

- 缺乏数据支撑，经验为主。没有积累多少历史数据作为依据来判断哪一类型的活动获客的效果更好，策划的依据主要来自营销部门的经验。

- 对整个的客户转化过程没有全程分析和改进。在营销活动结束后，没有人全程跟踪从活动曝光、引起客户关注、转化为成交客户、客户留存续购，到客户转介新客户的完整的转化过程的数据。原因有两方面：一方面是整个的客户转化过程由多个部门共同完成，每个部门各自负责一段，因而没有人对端到端的完整过程负责；另一方面是公司没有数据平台来管理和分析每个步骤的转化数据。

在开启业务敏捷转型之后，飞虎队所在的金融机构采用了 3.3 节的敏捷组织结构，以客群为单位组建端到端的、覆盖客户生命周期完整旅程的敏捷团队，管理层将运营活动的策划权下放给各个敏捷团队。由于每个团队聚焦经营特定的客户群体，因此对其客户群体的画像非常清楚，他们知道什么样的运营活动符合其客户画像的需求，因而所设计的运营活动更加吸引目标群体，而不是像从前，公司营销部门集中举办一次活动期望吸引各种人群。

运营包括产品运营、活动运营、内容运营、用户运营等工作。不论是哪种类型的运营工作，团队都可以采用图 7-11 所示的 "AAARRR" 六步循环模型开展，并使用数据分析平台自动记录模型中客户转化的每个步骤的数据，同时进行转化分析以提高每个步骤的转化率。

"AAARRR" 分别代表客户生命周期的 6 个步骤：Awareness（品牌感知），Acquisition（获取客户），Activate（激活客户），Retention（留存提升），Revenue（获取收入）和 Referral（自传播）。

- Awareness：通过反复曝光，占领客户心智，当客户想要采购此类产品的时候，能够想到我们的品牌。本步骤运营的重点是向客户传递一致的品牌声音，让我们的产品或服务品牌进入客户的记忆。

- Acquisition：触发客户提交信息，建立初步联系。但是此时客户只是潜在客户，本步骤运营的重点是让他们有兴趣尝试我们的产品或服务。

- Activate：让客户体验我们的产品或服务，让其了解我们所提供的价值。本步骤运营的重点是让新客户感受到我们所提供的产品或服务是满足其需求的。客户对产品或服务的第一次体验至关重要，这决

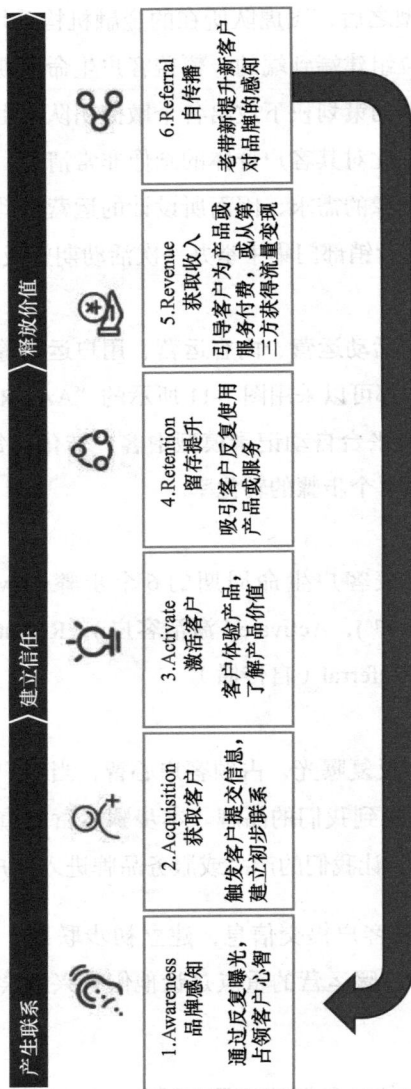

图 7-11 "AAARRR" 六步循环模型

定了客户是否会抛弃产品或服务，一旦抛弃，很难再挽回。

- Retention：吸引客户反复使用产品或服务。通常，客户会在多次体验产品或服务后才决定购买，而不是在初次了解后就购买。本步骤运营的重点是努力让客户留下来，只要客户还在使用我们的产品或服务，并还在和我们保持一定的联系，就有希望转化为付费客户。

在传统运营方式里，容易跳过"激活客户"和"留存提升"这两个步骤，急功近利地从"获取客户"直接到下一步"获取收入"，这在过去信息不透明、市场竞品少、企业主要靠投放广告来影响客户心智的时代是奏效的。但是现在的社会信息极度透明，竞品充斥市场，且竞品的信息以各种数字化方式推送给客户，因此，我们必须通过让客户体验至少一次产品或服务，并且在客户体验一次后继续精心运营客户，才有可能转化成功。

- Revenue：引导客户为产品或服务付费，或者从第三方获得流量变现。本步骤运营的重点是将留存的免费客户变现，而不是让客户一直免费使用我们的产品或服务。

- Referral：老带新提升新客户对我们的产品或服务品牌的感知。本步骤运营的重点是让客户满意我们的产品或服务，超出其期望，并辅以足够的激励回报措施，从而让客户自愿地将我们的产品或服务推荐到他的社交圈。

这个六步循环模型实质是一个漏斗模型，每个步骤都有更少比例的客户走到下个步骤，最后一个步骤带来的客户作为获取的新客户重新进入获取客户步骤。"AAARRR"模型可以帮助我们分析客户是如何一步步转化的，以及客户量是如何一步步增长的。业界已经有很多成熟的客户数据分析工具，利用这些工具，再结合"AAARRR"模型，我们便可以设计适合自己的产品或服务的数据体系。

7.5.2　小步增长试验，数据驱动

传统的运营过程类似瀑布开发模式的"Big Bang"方式。例如，飞虎队所在的公司，在业务敏捷转型之前，尝试过举办广场舞大赛，目的是吸引中老年群众现场开卡或购买金融产品。对于这类运营活动，公司采取的方法通常是选择在省会城市举办一场上千人的广场舞大赛。这样的运营活动投资巨大，但是活动是否能够达成吸引中老年群众现场开卡或购买金融产品的目的，只能在活动结束后才知道。

在业务敏捷转型后，飞虎队所在的公司开始采用小步增长试验的运营方式。对于举办广场舞大赛这样的活动，如果这类活动是第一次举办，公司先选择在省会城市的某个中型社区举办百人规模的广场舞大赛，这样规模的活动投资不大，但是能够测试活动的拓客效果。在每一轮运营活动结束后，营销团队复盘活动的过程，并根据活动的效果数据来优化下一轮广场舞大赛活动。如果拓客效果好，再策划更大范围的广场舞大赛。

对于产品运营如何小步增长试验，我们以第 6 章飞虎队创设的工资理财产品的运营为例。虽然工资理财产品在市场上不是一款从未出现过的产品，但是对于飞虎队所在的金融机构是一款全新的产品。在公司开始业务敏捷转型之前，对于一款新产品的运营，公司所采取的方式是在产品上线后即投入市场资源推广、宣传产品，这成为一个默认的惯例。在开始业务敏捷转型之后，飞虎队对于工资理财产品制定了以下 3 个阶段的运营计划。

（1）MVP 运营。如本书 6.3.2 节所述，当第一个 MVP 发布后，飞虎队没有大张旗鼓地宣传工资理财产品，而是在金融机构的 App 端非生产环境上线产品，也就是说，金融机构的 C 端客户群体在 App 端并不能看到工资理财产品。飞虎队采取的运营方式是组织客户经理进入企业客户，客户经理面对面向 50 位用户演示工资理财产品，测试有多少用户会签约工资理财，同时与

用户面对面沟通，收集用户对产品的反馈意见，其目的不是为了签约 50 个工资理财账户，而是验证产品本身对用户的吸引力。因此在向用户介绍产品的时候，飞虎队没有投放任何激励，而通常客户签约产品会赠送礼品，或者当日签约享受优惠政策等。

需要注意的是，MVP 运营不是一次性完成的。团队将用户的反馈意见带回产品中进行优化，经过 3 ~ 5 轮验证，直到证明产品与客户画像符合，再进入下一个更大范围的运营阶段。

（2）局部试点。MVP 运营结束后，飞虎队做了以下工作。

首先，对 App 端的工资理财入口页面及进入工资理财后的每个页面进行数据埋点，从而能够跟踪用户使用产品的行为过程及每个页面的转化数据。其次，飞虎队将工资理财产品在公司的 App 端的生产环境静默上线，即没有市场宣传的动作，通过产品自身的增长来判断产品的吸引力。再次，飞虎队选择两家流量大的线下网点做试点推广，由线下网点的客户经理向进入金融机构的客户推荐产品，并设置客户签约产品的激励，通过约两周的试点推广，统计各网点的客户签约数量以及客户对产品及销售激励的反应。此外，飞虎队根据公司 App 后台埋点数据，了解在没有公司主动营销的情况下，人们自己使用金融机构的工资理财产品的自然增值趋势。最后，依据线上 App 和线下网点两方面的数据反馈，团队有针对性地优化产品本身，并对金融机构网点的线下销售激励措施进行改进。

（3）全量推广。经过了局部试点后，飞虎队在整个公司各个分支网点宣讲动员，并申请预算在全国各个网点推广。同时，飞虎队继续收集 App 端的产品埋点数据。在每个迭代周期结束后，团队根据各网点的签约量优化运营方案，并根据 App 端的用户行为数据对产品进行持续优化。

整个过程采用小步增长试验的思维方式进行，遵循以下 3 个原则。

首先，每个阶段的关键目标是否达成决定能否进入下一阶段的运营测试；其次，每个阶段中每一轮增长试验需有明确的时间限制，每个环节应控制在 1 ~ 2 个迭代周期内完成；最后，在每一轮试验中获得的用户测试反馈，会作为运营方案、活动流程设计、产品改进的优化输入。

7.5.3　构建产品交付 – 运营双环

敏捷团队的产品交付和产品运营工作构成迭代式双环循环，如图 7-12 所示。

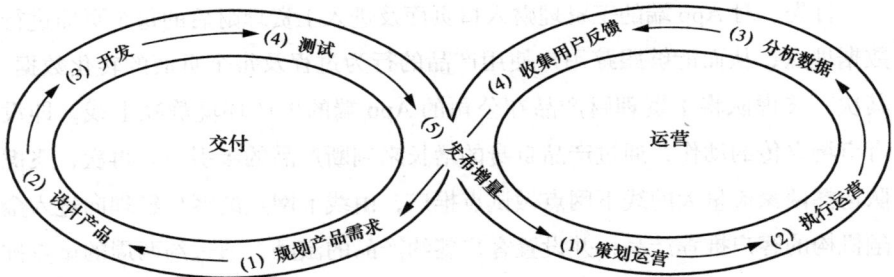

图 7-12　交付 – 运营双环

在交付环中分为以下 5 个步骤。

（1）规划产品需求。产品的需求有多个来源。从用户端看有两种来源：一个来源是用户对产品的反馈意见，这些反馈意见往往不能够直接作为产品的需求，需要先转化为产品需求，再纳入产品待办事项列表；另一个来源是用户对产品的行为数据，团队需要对数据进行分析，再用于指导产品的设计和优化。比如，对用户对产品的行为数据进行分析后，发现用户对某些功能使用频次低，对另一些功能使用频次高，那么团队需要考虑将这些不同使用频次的功能的入口进行区分，位置不能并重，以免干扰用户的视线。

（2）设计产品。团队将产品需求转化为产品设计，以满足用户的需求。

（3）开发。团队将产品需求实现为用户可以使用的产品增量。

（4）测试。在发布给客户之前，需要对产品进行测试，以确保产品的质量。

（5）发布增量。团队向客户发布产品增量。如果是新产品，可以尝试在每个迭代结束后灰度发布给局部客户，在发布循环中针对局部客户群体开展运营；如果是成熟产品，可以做全量客户发布。

不论团队交付的是否是软件产品，都需要经历以上 5 个步骤。对于软件产品，现在不少公司的敏捷软件开发成熟度可以做到从步骤（2）到步骤（5）以单个最小需求（即用户故事）为单位运行，而不是以整个迭代规划的所有需求为单位运行。

在运营环中分为以下 4 个步骤。

（1）策划运营。团队根据本迭代的发布内容策划运营工作，包括内容运营、用户运营、活动运营等。内容运营，包括就产品发布的新功能、新服务等策划相应的内容进行宣传推广等工作；用户运营，指的是根据发布的增量寻找具有针对性的客户群体进行触达，以获取与产品增量匹配的有效人群的反馈意见，或者借助产品发布的增量获取更多的用户数等；活动运营，包括策划针对性活动来实现客户转化漏斗的目的。需要注意的是，对于新产品的运营，采用小步增长试验的策略；对于成熟产品的运营，需要根据每个迭代产品发布的增量大小、创新程度以及发布的目的，来决定是采取大刀阔斧全量运营的策略还是小步增长试验的策略。

（2）执行运营。根据步骤（1）的策划执行运营。这个步骤需要结合步骤（3）一起执行，即在执行运营的过程中注意实时监控数据，根据数据及时调整运营策略，避免一条路跑到黑。也就是说，在运营执行过程中，若发现有数据提示本轮运营的目标不能达成，则需要修订计划，重新设定目标。

（3）分析数据。数据包括两个方面：一方面是用户对产品的使用行为数据，体现了用户如何使用产品；另一方面是商业数据，体现了客户漏斗转化的情况。团队至少以每天为单位监控数据，理解用户对产品增量的使用行为，及时指导步骤（2）的执行。

（4）收集用户反馈。团队将新发布的产品增量以线上推送或线下推介的方式带到用户中去，聆听用户的反馈声音，将反馈意见带回给团队的产品负责人，供其决策产品待办事项列表。若产品负责人决定将反馈纳入产品，则进入交付环的"规划产品需求"。

7.6 小结

迭代式工作方式是普适的，适合于任何知识性工作。Scrum 是业界广泛应用的迭代式工作框架之一。

在迭代式交付的过程中，团队不仅要在每个冲刺结束的时候复盘，还要按需根据问题随时反思，持续复盘。看板管理能够让团队可视化当前迭代进行中的工作，快速交付客户价值，并有助于团队实现自管理。将看板管理与持续复盘实践相结合，有助于团队保持进化与成长，实现从优秀到卓越。

交付产品后的工作是产品运营。运营工作需要从粗放式、瀑布式的运营方式转变为精细化的、小步增长试验、数据驱动的运营方式。本章介绍了如何采用"AAARRR"六步循环模型构建客户转化漏斗以及如何设计小步增长试验以验证不确定性，实现客户增长。

　　最后，产品交付和产品运营构成迭代式双环循环。交付与运营互相衔接，交付的输出是运营的输入，而运营收集的用户反馈以及数据分析的结果又反哺给交付环节，作为产品规划的输入，从而使团队能够对客户的最新需求和市场的变化保持高度敏感，真正做到以客户为中心交付和运营产品，让产品在市场中保持竞争力。

结语

敏捷是时代要求

毋庸置疑，在国内企业中，华为尤其擅长向西方学习。用任正非的话说，就是要用美国砖、欧洲砖、日本砖……共同来修筑华为的万里长城。基于这样的指导思想，华为自成立不久就不断地学习西方。在工业化时代，华为积极师从 IBM，从 IBM 成套引进了包括 IPD（Integrated Product Development，集成产品开发）流程在内的六大流程体系。在引入 IPD 体系之初，华为严格按照 IPD 要求开展研发活动。不少部门甚至实现了"版本火车"制度，即一年只发行 2 个版本，分别是上半年 6 月和下半年 12 月各一次，就像火车的时刻表一样。如果团队因为某种原因而错失了上车（即发布）机会，那它只能赶下一趟了——也就是半年之后。经过几年的坚持，各类流程迅速融入华为的业务活动，成为伴随大多数华为人的工作流。这让华为迅速地从原来的"土八路"，蜕变成拥有西式"武器"的现代军团，战斗力得到极大提升，华为也因此成功打入了西方市场，实现了其三分天下有其一的通信梦想。

然而，时代在迅速变迁。互联网时代的到来，让消费者掌握了更多的话语权，也让外部市场变得越发动荡。原本按部就班的流程，在如今这个充满不确定性的时代，多少显得有些落伍。华为如果严格按照传统瀑布流程依次去做市场需求分析、产品设计、产品研发和产品测试……这一趟活动走下来，半年就过去了，说不定此时客户都已经没有原来的需求了。华为意识到，传统流程虽然可以规范公司的研发活动，却过于重型，造成组织行动迟缓，市场响应过慢，从而错失很多机会。于是，华为逐步引入了敏捷，希望实现 IPD 与敏捷的联姻，让 IPD 敏捷起来。

IPD 和敏捷，就像是价值创造大循环中嵌套着的小循环，IPD 是外壳，敏捷是内核。通过一系列有序的变革活动，华为成功了，逐步实现了项目级敏捷、版本级敏捷、产品级敏捷，最终实现了整个组织的敏捷。如今，华为可以像互联网公司一样，按月甚至双周发布一个版本，再不是过去那样一年只上两次车的"版本火车"时代了！

华为的演进过程值得其他企业学习！同时也充分表明，企业完全可以从传统流程时代步入敏捷时代！

突破敏捷软件开发，走向业务敏捷

我们在很多企业里经常听到这样的声音："敏捷只适合软件产品，我们的产品不是软件，不适合我们"；或者"敏捷只适合 IT，我们不是 IT 部门，也不是产品研发部门，我们是业务部门，实现商业成果是我们的目标，敏捷不适合我们"。这是对敏捷的极大误解。敏捷虽然源自软件开发领域，但是其应用早已突破软件领域。本书案例中介绍的欧洲制药企业 B 公司以及中国某金融企业，其产品有些完全不是软件产品，有些是带有一部分软件形态的业务解决方案，两家企业开展业务敏捷转型均是公司高层发起，在业务部门深入开展。在那些带有 IT 软件形态的业务中，将 IT 技术人员与业务人员融合组建为一个敏捷团队，成为业务和 IT 一体化的团队，可以打破很多人对"敏捷只适合 IT"的认知。

我们已经进入瞬息万变的数智时代，不论我们在什么行业、什么类型的企业，归属于企业里的什么部门，都必须以客户（外部客户和内部客户）为中心，时刻洞察市场和客户需求的变化，对外界环境保持高度灵敏的感知能力，并且在组织内部构建强大的适应力，当变化来临的时候，能够快速调整我们的战略、目标、产品方向、计划等，在行动实施后及时获得数据，依据数据反馈来指导我们的下一步决策，从而构成一系列 PDCA 小步循环，只有这样才能够在当前复杂、动态的环境中得以生存。

从这个意义上来讲，不管你懂不懂敏捷，愿不愿意敏捷，你的业务都得敏捷，这是我们这个时代的呼唤！一个组织，必须应用敏捷思维，通过创新的解决方案快速响应市场变化，才可能在如今这个数智时代立足。本书介绍的业务敏捷的理念、业务敏捷魔方的框架及相关实践和工具，普适于绝大多数企业的绝大多数业务领域，包括但不限于 IT、产品、研发、销售、人事、财务、生产等职能部门。

展望未来

未来已来！每个企业都身处数智化浪潮之中，每个人都应成为弄潮儿。我们坚信，业务敏捷会成为企业在数智时代的踏板，让企业勇立潮头。根据我们过往的经验，业务敏捷已经为很多企业带来巨大价值，包括：

提高了产品在客户中的美誉度；

提升了组织的生产率；

员工敬业度得到提升；

决策流程和产品上市速度加快；

……

最终，企业在商业上获得了成功。

我们相信，如果你的企业能坚持业务敏捷，同样会收获上述果实，甚至更多！衷心地祝福大家！